家庭ガラス工房

トンボ玉の
アクセサリー

駒野 幸子・磯谷 桂●著
KOMANO Sachiko　ISOYA Kei

ほるぷ出版

本書について

本書では、Step1で、基礎技法だけで作ったシンプルなトンボ玉から、組み合わせ方により、さまざまなアクセサリーに仕立てる方法を紹介します。
Step2では、パーツなしに作る自由な発想の玉たちとアクセサリーで、ガラス作家・駒野幸子の世界をお見せします。
Step3では、パーツ作りからはじまり各種技法を駆使したそれぞれ異なるスタイルの花の玉で、ガラス作家・磯谷桂の世界をご覧いただきます。
トンボ玉によるアクセサリーの世界の、豊かな広がりをご覧ください。

●

本書で使用するガラス素材は全てソフトガラスです。そして使用するバーナーはエアバーナーです。
ソフトガラスは、Step1とStep2では主に佐竹ガラス（鉛ガラスおよびソーダガラス）を、一部でモレッティガラスを使用します。
Step3では、kinariガラスのCガラス（アルカリシリケートガラス：ソーダ系ガラス）とBガラス（ソーダガラス）を使用しています。

目次 ● CONTENTS

Step 1
基礎技法で作る 小さな玉とアクセサリーたち

駒野 幸子

基礎技法で作る **小さな玉とアクセサリーたち**	6
Step1およびStep2で使用する **ガラス、道具、工具など**	8
Step1およびStep2で使用する **アクセサリー作りの工具と材料**	9
アクセサリー作りの基礎テクニック	10
基礎技法で作る小さな玉たち	11

2wayネックレスを作る　14

チェーンネックレスを作る　17

ブレスレットを作る　18

指輪を作る　20

イヤリングを作る　22

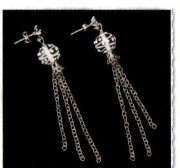
ピアスを作る　23

ブローチを作る　24

スカーフピンを作る　26

Step 2
パーツを作らず
心に浮かぶイメージを玉に込める
―駒野幸子の世界―

オリエンタル玉 & バクの玉　28

オリエンタル玉を作る　29
　大きなオリエンタル玉　29
　小さなオリエンタル玉　31

バクの玉を作る　32

オリエンタル玉の**ネックレスを作る**　34

玉乗りバクの**ペンダント** &
オリエンタル玉の**イヤリングを作る**　36

カニのレリーフ玉　38

カニのレリーフ玉を作る　39

カニのレリーフ玉
潮の香りのネックレス &
革ひものチョーカーを作る　41

黒い縁取りのある
スパニッシュフラワー模様　44

カボションカット風
スパニッシュフラワーを作る　45

スパニッシュフラワー模様の**ネックレスを作る**　47

銀地の葉模様玉 & クリアの葉模様玉　48

**葉模様玉と
手作りビーズを作る**　49
　銀地の葉模様玉　49
　クリアの葉模様玉　52
　透明と黒の手作りビーズ3種　52

銀地の葉模様**ネックレス** &
クリアの葉模様**ブレスレットを作る**　54

銀の熔変シリーズ
サル玉 & 削り玉　56

銀熔変模様の玉を作る　57
　親子ザル玉　57
　銀熔変模様の削り玉　61

親子ザルと削り玉の**2連ネックレス** &
サルの**バッグチャームを作る**　62

真鍮線の先に作った小さな花たちの
リースブローチ　64

シャワー金具用
花・葉パーツを作る　65
　ガラスを巻きとるための
　　真鍮線の固定　65
　花とつぼみ　66
　葉　67

花のリースブローチを作る　68

Step 3
パーツを作り さまざまな花を咲かせる
─磯谷桂の世界─

Step 3で花のトンボ玉作りに使用する
ガラス、道具、工具など　70

花芯パーツを作る　71

流れに浮かぶ
水中花玉 & 満開の花玉　72

流れに浮かぶ
水中花玉を作る　73
　花のパーツを作る　73
　葉のパーツを作る　77
　水中花玉を作る　78

満開の花玉を作る　80
　花のパーツを作る　80
　満開の花玉を作る　82

水中花玉 & 満開の花玉を使った
ビーズクロッシェのネックレス　84

　ビーズクロッシェの基礎技法　85

八重白花 & 八重赤花　88

八重の花玉を作る　89
　八重白花玉　89
　八重赤花の
　ループペンダントヘッド　92

ワイヤーラッピングによる**八重白花のネックレス** &
ソフトフレックスワイヤーを使った**八重赤花のループペンダント**　93

バキューム技法による
花のインケーシング　96

　バキューム技法による
　インケーシング　97

　バキューム技法を使った
　花のインケーシング　98

取りはずし可能な**ワイヤー飾りを作る**　101

基礎技法で作る花模様玉と小物たち　102

　基礎技法の"点打ち"で二重の花模様玉を作る　103

結び技法・平結びでビーズを編み込む　104

平結びで仕立てる
ストラップ、ブレスレット、バッグチャーム　105

付　録

　ガラス工芸材料・機材販売店他　108
　アクセサリー材料販売店　110
　著者プロフィール　112

Step 1
基礎技法で作る小さな玉とアクセサリーたち

駒野 幸子

Step1では、基礎技法だけを使って小さな玉を作り、さまざまなアクセサリーに仕立てます。
ここでは最もシンプルに透明ガラスと白だけで構成しましたが、さらに好みの色も加えて表現してみてください。
基礎技法による玉たちとアクセサリーには、作る方のイメージとともに広がる、無限の可能性があります。

＊

なお、玉作りにおける使用工具は私の使っているものを中心にご紹介していますが、さまざまな使いやすい工具類が市販されていますので、ガラス材料専門店などで調べてみてください。

ブローチ & スカーフピン
p.24〜26

ブレスレット
p.18、19

基礎技法で作る
小さな玉と
アクセサリーたち

Step1およびStep2で使用する
ガラス、道具、工具など

使用工具類

①先細ピンセット（ステンレス）★
②ピンセット（ステンレス）
③平ピンセット（ステンレス）★
④カッター　⑤ヤスリ
⑥スパチュラ
⑦引っかき用ニードル（手作り）：先端部分はステンレス芯棒を使いやすい形に曲げ、先端を尖らせてある。柄の部分はボロシリケートガラス（チューブ）を使い、芯棒を埋め込んでいるが、木を使ってもよい。なお、同じ用途に使用するタングステンピック、ステンレス製引っかき棒、千枚通しなどが市販されています。
⑧左官ゴテ　⑨ローラーニッパー
⑩芯棒（ステンレス）　上：3mm　中：2mm　下：1.2mm（小さな玉・ビーズ用）
ほかに、完成後に太い革ひもなどで組む場合は4〜5mmを使用。 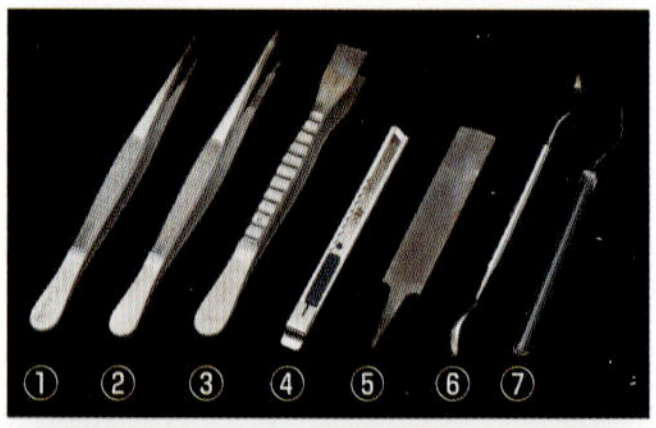 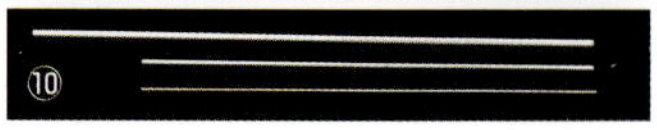
※今回は全て徐冷灰による徐冷のため、できるだけ歪を残さないように、玉を平らに成形する際はマーバー（鉄板、カーボン板、ステンレス板など）を使用しないが、一般的にはマーバーを使ってコテなどで玉を平らにします。
★は特別注文品。同じようなものが市販されています。

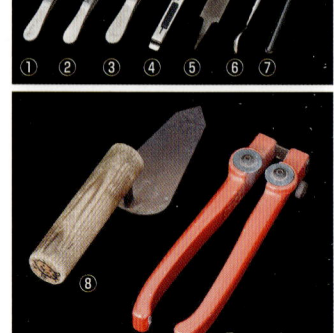

ガラス

本書で使用するガラスは全てソフトガラスです。Step1およびStep2で使用するソフトガラスは、佐竹ガラスの鉛ガラスとソーダガラスです。なお一部（p.32、33、61、65〜67）ではモレッティガラスも使用します。

手作りのガラス棒収納棚。ほこりなどがかからないように保管し、早めに使う。

彫金用ハンドルーターと先端工具

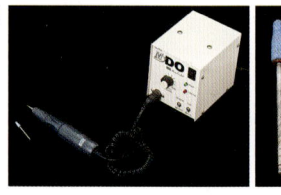

左：彫金用ハンドルーター
右：①砥石ビット
　　②ダイヤモンドビット
※Step2のp.46、61で使用。

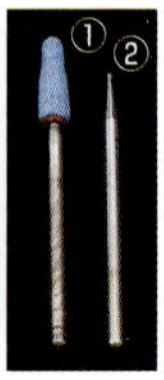

バーナー

本書で使用するバーナーは、エアポンプを使って空気調節を行うエアバーナーです。エアバーナーには都市ガス用とプロパンガス用があります。炎については、集中炎（ピンポイントの作業に向いている）と拡散炎（均一な温度の大きな炎が出る）があり、また2種類の炎の切りかえ可能な機種もあります。それぞれのバーナーの特徴を確認のうえ、ガスの種類と自分の作りたい作品に合うバーナーを選んでください。

本書で使用するエアバーナー、BWA-1A型（集中炎、使用ガス：プロパンガス）。

離型剤

各種離型剤が市販されています。私は作る玉に合わせて佐竹ガラス（株）製とオリジナルの離型剤を使用しています（小玉は佐竹ガラス製をうす付けして使用）。離型剤を芯棒につけたら、白く色が変わる程度にバーナー乾燥してから作業に使用します。ガラスを巻きとる際は、ガラスを熔かすと同時に、芯棒につけた離型剤も真っ赤になるまで焼いてから熔かしたガラスを巻きとります。

炎によるガラスの変化

炎は空気とガスの割合によって変化し、空気を多くすると酸化炎に近づき、空気が少ないと還元炎になります。

ガラスの色によって適した炎が異なり、ガラスの種類（色など）と炎の状態によっては、加熱につれガラスの表面にはさまざまな変化が起きてきます。ガラスの表面が白くにごる失透や結晶化、ある種のガラスの表面にできる金属状の被膜、表面が黒く汚れた感じになる"ススが入る"状態（還元炎で起こる）などです。これらの現象は、ガラスの種類、バーナーや炎の状態、温度などの条件により現われ方が異なります。

バーナーの設置についての私の工夫

- 作業中の腕の位置を下げて腕と肩の負担を減らすため、バーナーの下部を机の下に置いて炎の位置を調節している（机の下にバーナー置き台設置）。
- 机の上に出したバーナー口は、回りにセラミックボードを置き、上に穴のあいた鉄板（市販の三脚付予熱台の上部を使用）を置いて、バーナー口と同じ高さにしてある。
- 鉄板は予熱台としても使用。
- 机の上には耐火素材を貼りつける。

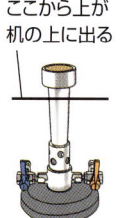

ここから上が机の上に出る

炎と作業領域

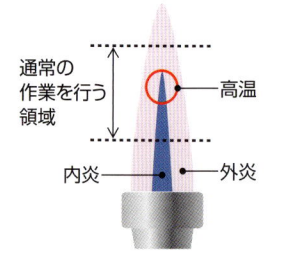

図は、Step1、Step2で使用するバーナー（BWA-1A型）を使った通常の作業に適した炎の場合です。なお、バーナーは機種により炎にも特徴があるので、使用機種の特徴を把握した上で作業を行ってください。

通常の作業を行う領域／高温／内炎／外炎

予熱と徐冷

予熱
ガラス棒は冷たい状態のままで直接炎に入れると割れて飛び散ることがあるので、炎の上の方でゆっくりあたためながら（予熱）、徐々に炎に入れて熔かします。あるいは炎に入れる前に市販の予熱台を使ってあたためておきます。

歪（ひずみ）と徐冷
ガラスの特性のひとつに歪があります。歪が残ったガラスは、完成直後は割れなくても、後で割れを起こすことがあります。

作業中に発生した歪の除去と、完成後の冷却中に生じるガラス表面と内部の温度差による新たな歪の発生を抑えるために必要な作業が徐冷です。

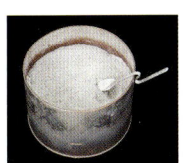
本作業で使用した徐冷灰はモミガラを燃やして作った手作り。

作品完成後はエアをおさえた還元炎などを使ってあぶって、全体の温度を均一にした後で、徐冷剤に埋めて、室温までゆっくり冷ます"徐冷"を行います。徐冷剤は各種市販されています。塊状の作品などは、先に熱い玉を徐冷剤に埋めて温度を上げておいてその後に埋めたり、徐冷剤を容器ごとホットプレート等であたためて使ってもよいでしょう。

玉は徐冷剤に直接押し込まず、先に穴を掘ってから入れ、上から徐冷剤をかける。

さらに複雑な造りの作品や大形のもの等は、歪を取り除くための温度設定をした徐冷炉（電気炉）に入れて徐冷しますが、Step1とStep2では、全て徐冷剤による徐冷を行います。

なお、作業中も時々全体をあたためて玉の温度を均一にする作業を行い、作業中の歪の発生を極力抑えるようにします。

作業中の安全について

作業場と換気
作業にはガスを使うので、作業場は換気扇や窓などを使って空気の通りを良くし、換気がしっかりできるようにします。

作業中の服装と眼鏡の着用
服装は燃えにくい木綿の上衣（長袖で袖口がしまったタイプ）に長ズボンを着用し、デニムのエプロンをします。また、飛んだガラス片や作業中に発生する有害な光から眼を守るため、安全眼鏡も着用するようにしましょう。

安全な作業のために
- 作業場の床には小さなガラスのかけらなどが飛び散るので、室内の場合はベニヤ板などを敷き、作業後は必ず床に掃除機をかけます。上ばきも作業場専用のものを使用します。
- 作業机の上には燃えるものを置かないように気をつけましょう。
- バーナーの点火の際は火打石式点火器（各種市販されている）を使い、ライターなどの使用は危険なので厳禁です。作業中に席を離れる時は必ず火を消します。
- 作業後は忘れず火を消し、ガスの元栓も必ず閉めましょう。

Step1およびStep2で使用する
アクセサリー作りの工具と材料

使用工具
① 平ヤットコ
② 片丸ヤットコ（刃の片方が丸、片方が平ら）
③ 石留めヤットコ　④ ニッパー
⑤ クリップ

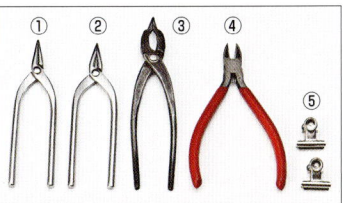

ヤットコ：平ヤットコはしっかりおさえる時に使用し、片丸ヤットコの丸い方の刃はワイヤーを巻きつけて丸くする際に使用する（一般的に使用される丸ヤットコも同様）。平ヤットコの両側の刃と片丸ヤットコの平らな方の刃は、おさえたときガラスを傷つけないように使用前にヤスリで軽く角を落としておく。

基本的なアクセサリー材料
- **テグス、ワイヤーなど**：玉、ビーズ、パーツなどを通してアクセサリーを作る。テグス（手芸用 0.3mm 3号）、ナイロンコートワイヤー（線径0.36mm）、のびるテグス（Step1ではオペロン）を使用。
  - **ナイロンコートワイヤー**：テグスよりも張りがあり、金属ワイヤー（本書では不使用）よりも折り目がつきにくい性質を持つ。細いワイヤーをより合わせてナイロンでコーティングしてあり、伸びない性質のため重量のあるガラスを仕立てる場合は一般的に使用しやすい。一方、テグスは重いものを通していると時間が経過するにつれ伸びてくることもある。
- **丸カン、Cカン**：パーツ同士をつなぐ金具。
- **Tピン、飾りTピン、9ピンなどのピン類**：玉やビーズを通して先端を丸め、他のパーツとつなぐための金具（ワイヤーを使って9ピンを作ることもできる）。
- **ボールチップ**：ネックレス、ブレスレットなどの両端に留め金具をつける前に、ワイヤーの端を処理するための金具。Step1、Step2では、ガラスの重みを考慮し、つぶし玉2個を用いてボールチップでワイヤーの端の処理をする。留め金具は、ボールチップの先の輪に直接あるいは丸カンやCカンを使って留めつける。
- **つぶし玉**：ネックレスのワイヤーなどに通してつぶし、玉やビーズなどを固定する。
- **カツラ**：革ひもなどのひも類の端の処理に使用する。本書では革ひもの端に少量の接着剤でカツラを留め、カツラの先に留め金具をつける。ほかにもカシメほか、各種金具が市販されている。
- **各種留め金具**：アクセサリーの着脱のための金具で、引っかける側と受け側がある。引っかける側はカニカン、ヒキワ。受け側は板ダルマ、アジャスター、デザインによっては太めの丸カンなども使用する。ほかにマグネットでくっつけて留めるマグネット・クラスプなどもある。
- **特殊な用途に使用するパーツ金具**：指輪、イヤリング、ピアス、スカーフピン、ブローチ用などの専用金具が各種市販されている。
- **各種ビーズやパーツ類**：アクセサリーのテイストを決める重要な要素となる。ネイティブアメリカン系、フレンチアンティーク系、中東・アジア・アフリカの民族風ほか。材質面からは、メタル系、ウッドビーズ、ボーンビーズ、シェルビーズ、陶ビーズ、ガラス、天然石、樹脂、アクリル、プラスチック製など。

アクセサリー作りの基礎テクニック

アクセサリーを作るうえで必要な技法およびStep1とStep2で使用する技法について以下に述べます。掲載ページを記してあるものについては該当ページを参照してください。

◉ 丸カンおよびCカンの開閉　ヤットコ2本使用（平ヤットコか石留めヤットコ）。

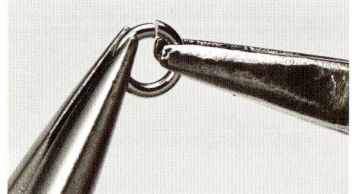
ヤットコを両手に持って左右から丸カンをつかむ。

丸カンを開く時は左右に開かず、必ず前後にずらして開ける。

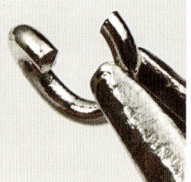

閉じる時もヤットコ2本で前後にずらして閉じる。

◉ 玉を通したTピンまたは9ピンの先を輪にする

玉を飾りTピンに通す。

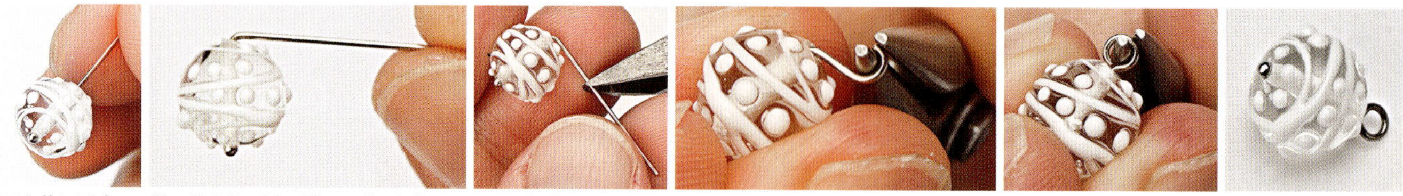

指でおさえて玉の際でTピンを直角に曲げる。

7mm程残してTピンをカットする。

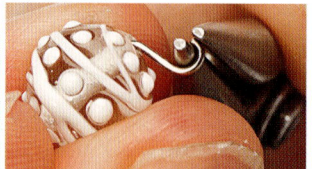
片丸ヤットコの丸い方の先端を使って輪にする。

完成。

◉ 玉を通したTピンまたは9ピンの先を輪にして根元に巻きつける

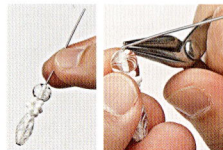
Tピンに玉を通す。　片丸ヤットコで直角に折り曲げる。

ヤットコの刃先の厚み分が根元に曲がらずに残り、次にTピンを巻きつけるスペースになる。

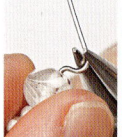

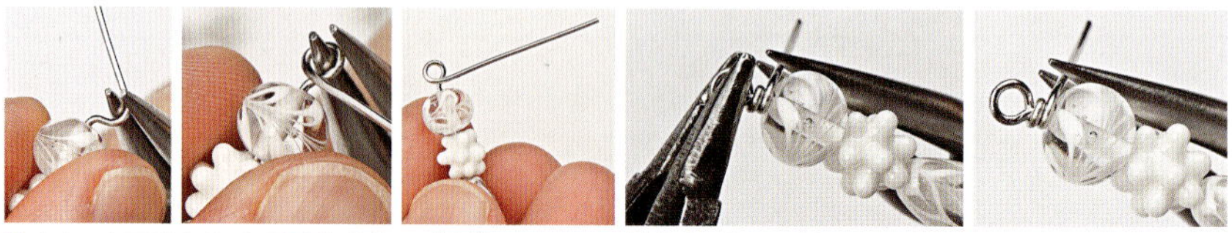

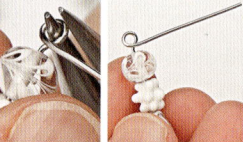
片丸ヤットコの丸い方の刃先のカーブを使ってくるりと輪にする。

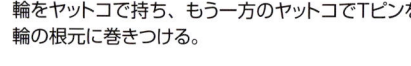
輪をヤットコで持ち、もう一方のヤットコでTピンを輪の根元に巻きつける。

輪をしっかり留めるためには普通は2周半程巻き、玉の際で切っておさえる。なお巻いた部分を飾りのひとつとする場合は、必要な長さまで巻いてから切る。

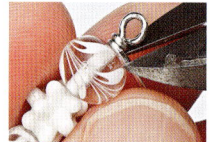 
余分なTピンをニッパーでカットし、切り口をヤットコでおさえる。

斜めに巻くことになるので、最後はすき間に入れてとめる。

完成。横（左）と正面（右）。

その他の基礎テクニック

- ◉ **メガネ留めのパーツを作る**→p.55参照
- ◉ **ヘッド飾りをつける**
  - ヘッド飾りの輪の中に小ビーズを入れる→p.35参照
  - つぶし玉でヘッド飾りを留める→p.35参照
- ◉ **ボールチップを使ったナイロンコートワイヤーの端の処理**
  →p.14〜16参照
- ◉ **玉に穴うめ用ビーズを入れる**
  - オリエンタル玉のネックレス→p.34、35
  - 親子ザルと削り玉の2連ネックレス→p.63　ほか

〈ジュエリーの知識〉ネックレスなどの長さ

ネックレスにはショートからロングまでいろいろな長さがあります。
Step1とStep2では、最も短いタイプをチョーカーと呼び、ほかをネックレスと総称します。またペンダントは、ひも、革、チェーンなどの真ん中にワンポイントの大きいメインの玉があり、少し下がっているタイプのもので、革、チェーンなどに飾りがついている場合はネックレスと呼びます。

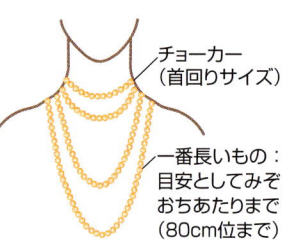

チョーカー（首回りサイズ）

一番長いもの：目安としてみぞおちあたりまで（80cm位まで）

※身に着ける人の身長・体格などにより異なりますので、数字は目安です。

基礎技法で作る小さな玉たち

Step1で紹介する小さな玉は、全て透明ガラス（鉛ガラス）と白いガラス（ソーダガラス）を使用しています。芯棒は全て1.2mmを使用します。

模様づけに使う白の細引きを作る

以下の玉作りに使用する透明ガラス（鉛ガラス）と白の細引き（ソーダガラス）▶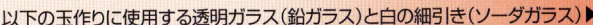

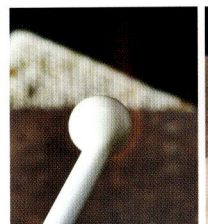 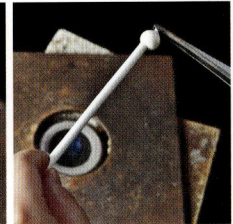 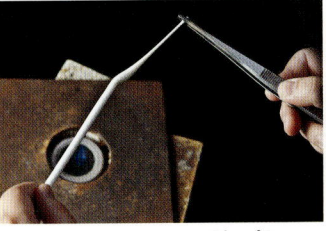 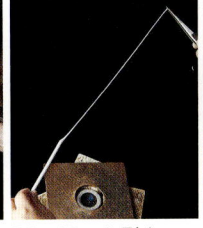 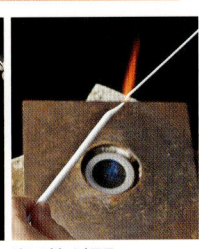 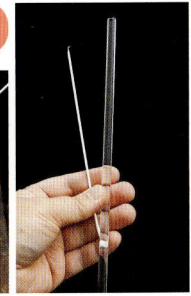

白いガラスの先端を熔かして玉にし、炎の外で先が太めのピンセットでつまんで引っぱる。　30〜40cmに引く。　炎で焼き切る。

点打ち模様

点を熔け込ませた玉（Ⓐ）と凸状に残した玉（Ⓑ）は点打ちまでは同じ作業。点打ち後、炎でのあぶり方を変えて作る。

下玉を作り点を打つ——ここはⒶⒷとも同じ

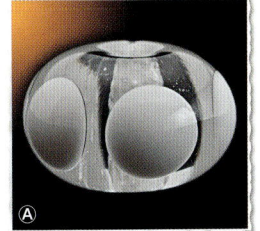
Ⓐ 直径9mm

透明ガラスを、1回でうすく巻きとりディスク形にする。

点打ちの順序

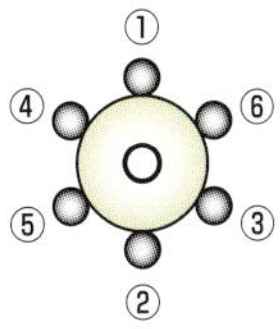

対角線上に白の細引きで点打ちしていき、6個点を打つ。

なじませ方でⒶとⒷになる

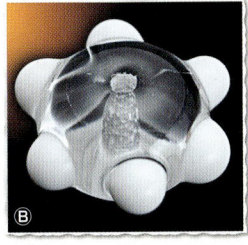
Ⓑ 直径12mm

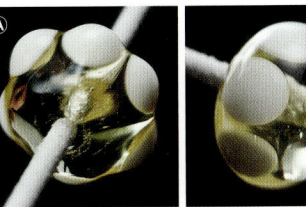  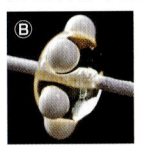

Ⓐは全ての点を打ってから、回しながら炎の真ん中であぶり、点を一度になじませる。　形ができたら徐冷剤に埋める（以下、同様）。

ポイント　点を凸状に残した玉Ⓑを作る

炎の上の方であたため、点を凸状に残す。

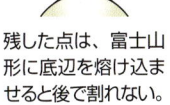

残した点は、富士山形に底辺を熔け込ませると後で割れない。

直径10mm

 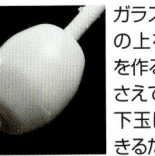

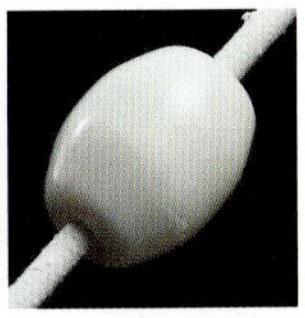

ガラスを熔かして丸くし、コテの上をころがして円筒形の玉を作る。さらに両端をコテでおさえてナツメ形にする。下玉は上を点で覆うため、できるだけ小さく細めに作る。

ポイント
- 下玉の形は円筒形でもよいが、ナツメ形の方がきれいな形に仕上がる。
- 作業中は下玉を予熱程度の硬さにしておき、点打ちのガラスはトロトロに熔かしてつけていく。

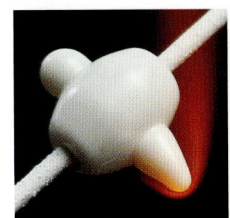 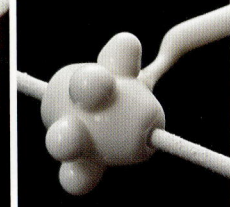 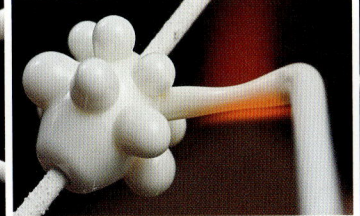 

玉の中央ラインに細引きで点を並べて打っていく。　前の点の中間に、点同士がくっつかないように注意しながら点を足していく。

線の引っかき模様

使用する工具：引っかき用ニードル、コテ。

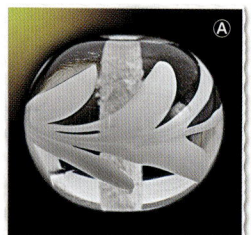
直径10mm

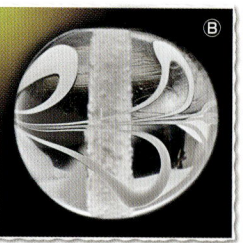
直径9mm

ⒶⒷは模様の入れ方は同じだが線ののせ方の少しの違いで、模様の出方と印象が異なる例。作業ではⒶを作る。

> **ポイント** 線の引っかき作業のコツ
> ・引っかき用ニードルの先端は赤く熱して使う。
> ・線をしっかりなじませた後、玉は炎からはずし、ニードルの先端が炎に当たっている状態で引っかく。
> ・引っかき棒の先端についたガラスは、容器の水に入れてとり除きながら作業する。

透明の下玉を巻く。下玉はここできれいに作っておく。

細引きで大きくジグザグに模様を描く。模様は少し不規則な方が味が出る。

線をしっかりなじませる（線が浮いたまま引っかくと模様が崩れる原因となる）。

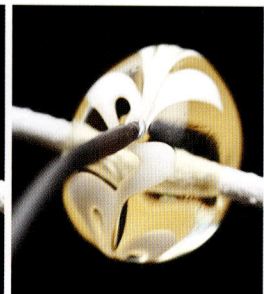
ニードルの先を赤くなるまで焼いてから線を引っかく。

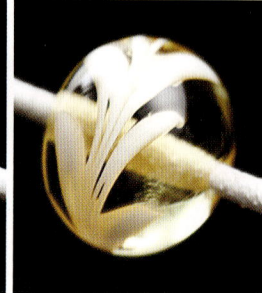
なじませて、コテなども使って形を整える。

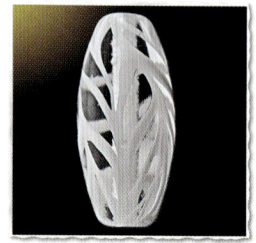
長さ16mm

透明ガラスを多めに熔かし、螺旋状に長く巻きとる。

コテの上をころがして両端を細めに形を整える。

白の細引きを多めに熔かす。

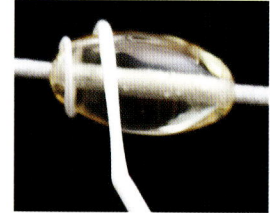
端から螺旋状に巻いていく（ゆっくり巻くと太い線になる）。

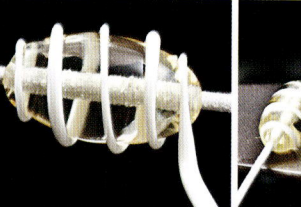
なじませてコテでころがす。

ニードルで下から上に向けて引っかき、次に上から下に引っかくを交互に行う。

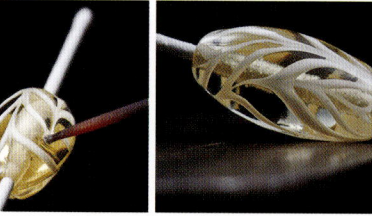
なじませてコテで形を整える。

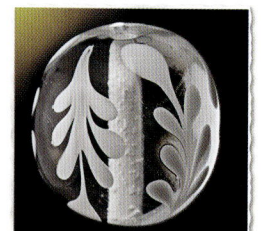
直径12mm

少し大きめの丸い下玉を作る。

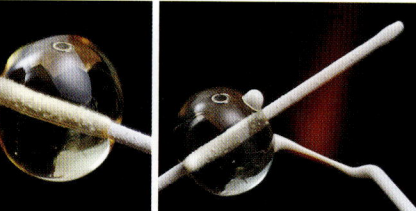
玉の両端付近に、片側3つずつ点を打つ。

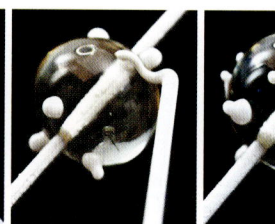
点の位置から反対側の端に向けて横線を3本ずつ引く。

 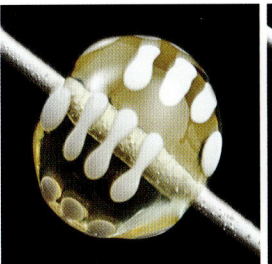  

線を引き終えたら、コテでおさえながら、しっかりなじませる。		両端の点から3本の線の中央を通って、芯棒と平行に引っかく。模様は交互に向きが変わることになる。	なじませながら、コテの上をころがし形を整える。

点と線の組み合わせ模様

凸状態の点模様は、最後のなじませ方が足りないと後でとれることがあるので要注意。

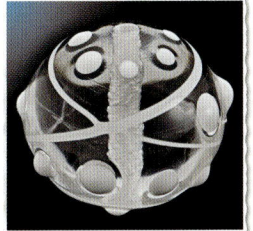
直径12mm

  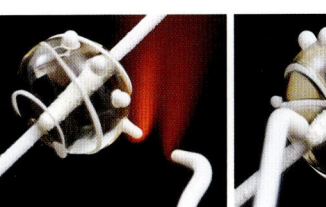 

ガラスをたっぷり熔かして一巻きし、丸い下玉を作る。 / 下玉を回しながら白の細引きで適当に線を巻いていく。 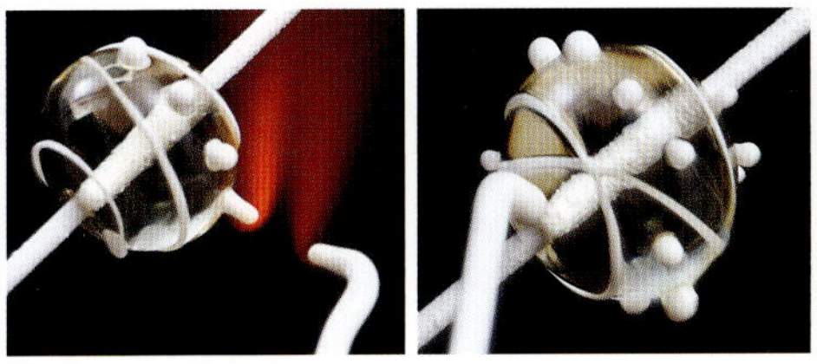 / 巻いた線の間にバランスを見ながら点を打っていく。 / 点が少し凸状態で残るように、最後に炎の上の方で軽くなじませる。

一度にたくさん作る小さな手作りビーズ

透明ガラスの細引きを使用。

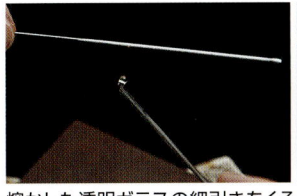 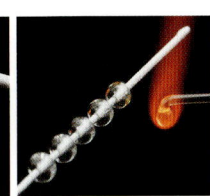 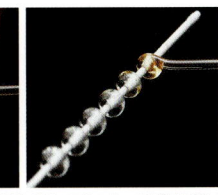 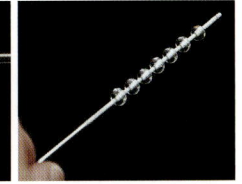

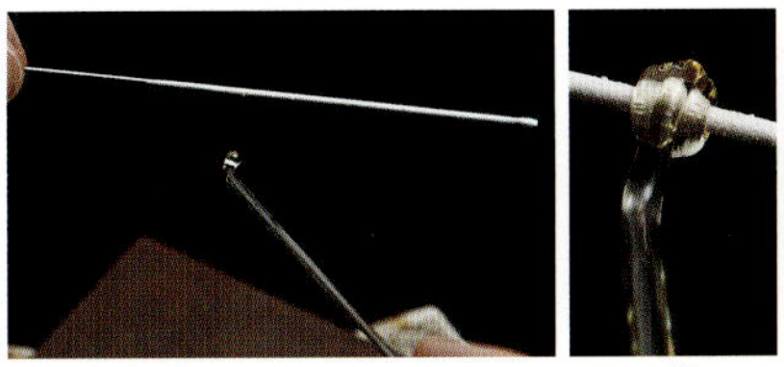

熔かした透明ガラスの細引きをくるりと一巻きする。 / 次々とディスク形に小玉を巻いていく。最後は軽くあぶり、完成後は徐冷剤に埋めて徐冷する。

表面がキラキラ光るビーズ

使用する工具：ピンセット。

直径8mm

下玉を丸く巻き、回しながらピンセットの先でトントン押していく（つままないように注意）。片寄らないように中心をとりながら作業し、1つずつ仕上げながら同じ大きさの玉を作っていく。また、ピンセットで触れていることで玉が冷めているので、最後に軽く炎であぶり、徐冷剤に埋めて徐冷する。

ポイント　テクスチャーのつけ方

透明ガラスの表面にテクスチャーをつけるとキラキラ光るビーズができる。テクスチャーのつけ方はさまざまあり、透明ガラスが熱いうちにヤスリや金網等の上を転がすことでも作ることができる。身の回りのものでいろいろ工夫して試してみてください。

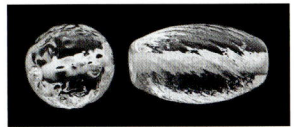
表面にテクスチャーをつけたビーズ。
右：長さ14mm

2wayネックレスを作る

中央の飾り部分は、クリッカーで取り外し可能ですので、ヘッド飾りをつけずシンプルなネックレスとしても楽しむことができます。

用意するもの

①ナイロンコートワイヤーで数珠つなぎにする玉（ネックレス部分）
②市販の本金仕上げ小ビーズ・ロイヤルビーズ（ガラスビーズに金を蒸着）
③留め金具の引っかける側（カニカン、丸カン、ボールチップとつぶし玉2個）
④留め金具の受け側（板ダルマ、丸カン、ボールチップとつぶし玉2個）
⑤クリッカー金具　⑥Tピンに通しクリッカーで下げるヘッド飾りにする玉4種
⑦長めのTピン（ヘッド飾り用）　⑧ナイロンコートワイヤー（0.36mm）

使用工具

・片丸ヤットコ　・平ヤットコ　・石留めヤットコ　・ニッパー

ネックレス部分を作る

ナイロンコートワイヤーに玉と金のビーズを交互に通す

玉を通したナイロンコートワイヤーの端を留める ——最初に留める側

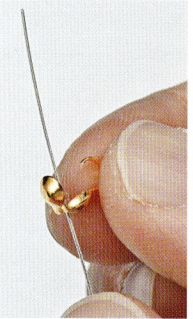
ワイヤーにボールチップを通す。

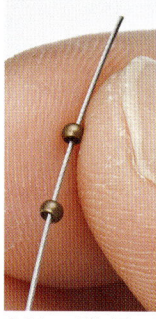
さらにつぶし玉を2個通す。

まず端のつぶし玉を平ヤットコでつぶす。

> **ポイント** ナイロンコートワイヤーの端の処理
>
> ナイロンコートワイヤーに玉やビーズを通した後で、ワイヤーの両端を処理するには、ここで紹介するボールチップとつぶし玉2個を使う方法以外にも、ボールチップとつぶし玉1個で留める方法などがある。
> いずれにしても玉、ビーズ、ボールチップの間が詰まりすぎたりゆるすぎたりしないように注意しながら端を留めることが大切。また、つぶし玉はあまり強くつぶすとワイヤーが切れることもあるので注意すること。

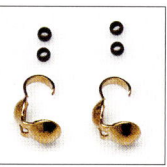

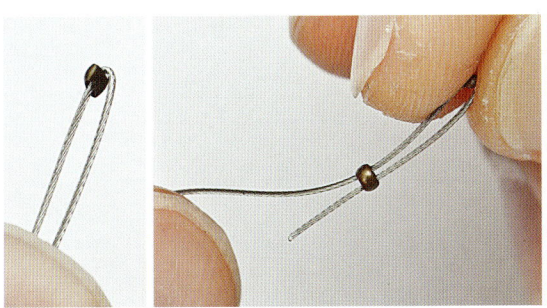

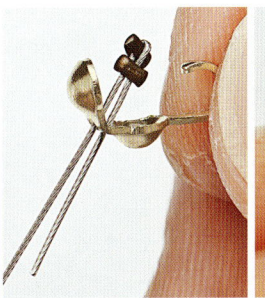

つぶしたつぶし玉の所からワイヤーを折り曲げ、残りのつぶし玉にワイヤーを通す。

2つのつぶし玉を寄せる。

残るつぶし玉もつぶす。

ボールチップの穴に折り曲げたワイヤーも通し、ワイヤーを引っぱってつぶし玉2個をボールチップの中に納める。

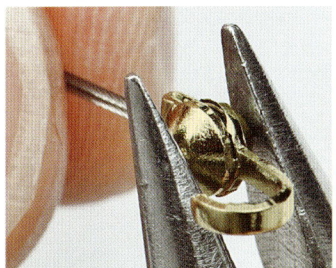

ボールチップを平ヤットコで閉じる。

上の部分を平ヤットコで曲げて輪にする。

残っている折り曲げた方のワイヤーもビーズと玉に通す。

通したワイヤーの端を玉の中に隠す。

最後のナイロンコートワイヤーの端の処理

> **ポイント　玉同士の間隔について**
> ワイヤーを引きしぼりすぎると玉の並びがガタガタになる。また、逆にゆるすぎるとアキが出てしまう。コツとしては、まず通した玉で自然なカーブを作ってみて、全体を見てワイヤーを徐々にしぼりながら玉の間隔を調節すること。

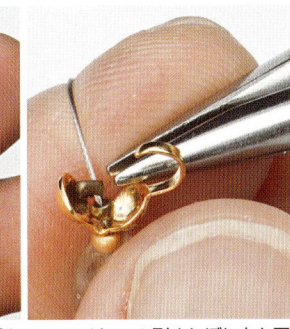

片方の端をつぶし玉とボールチップで留めたら、全体で自然なカーブの輪を作り、ワイヤーを徐々に引きしぼる。

最初に留めた側と同様に、ワイヤーにボールチップを通し、つぶし玉2個を入れる。

ワイヤーの引きしぼり方と玉の並び方を確認したら、ワイヤーを指に巻いて固定し、少しあきを作って上のつぶし玉を平ヤットコでつぶす。*1

下側のつぶし玉にワイヤーを通す。

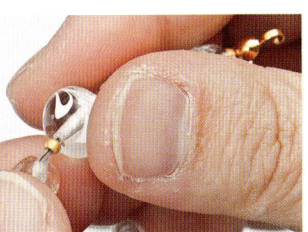

下側のつぶし玉に通したワイヤーをそのままビーズと玉に通していく。

4番目の玉の下側の金ビーズからワイヤーを出し、手で引きしぼる。

ワイヤーはビーズの際ではなく、端を玉の中に隠せるように少し残して切る。*2

ワイヤーの端を玉の中に入れて隠す。*3

 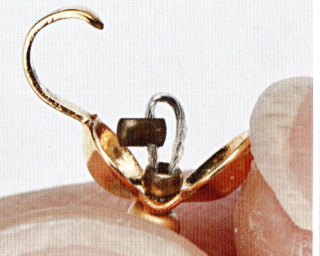 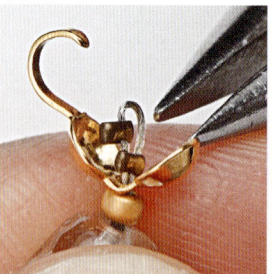  

ボールチップの中の上のつぶし玉を指で少し引っぱり、ネックレスにできた遊び部分をきつくならないところでしめる。*4	残りのつぶし玉もつぶし、ワイヤーの固定完了。	続いてボールチップを閉じる。	ボールチップの上を輪にする。	

 2つのつぶし玉によるアキの調節について
(1) 前ページ*1のように、まず少しアキを作って1つめのつぶし玉をつぶす。
(2) ワイヤーを折り返して*2と*3の作業をする(前ページ)。この時、*1で作ったアキがないとワイヤーの端を玉の中に隠せなくなる。
(3) 2つめのつぶし玉は、つぶす前にワイヤーを引きしめてネックレスにできた遊びの部分を調節する(*4)。これによって最終的なネックレスの玉同士のアキの調節ができる。

■ ネックレス部分の先端に留め金具をつける

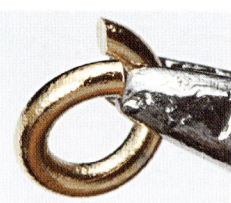    

丸カンを開く。	ボールチップの先の輪を通す。	丸カンにカニカンも通して閉じる。	反対側も同様に丸カンにボールチップの輪と板ダルマを通し、丸カンを閉じる。	留め金具をつけて、ネックレス部分の完成。

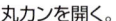 丸カンの開き方と閉じ方はp.10参照。

クリッカー付きのヘッド飾りを作る
ヘッド飾りは本体と変化をつけるため、金のビーズは使わずに組む。

Tピンに必要な玉を通し、片丸ヤットコで直角に曲げる。	片丸ヤットコの丸い方の刃を使って、Tピンの先を曲げてくるりと丸くする。	Tピンの先からクリッカーを通し、輪に入れる。	輪を平ヤットコでおさえ、Tピンの残りを輪の根元に2周巻きつける。

 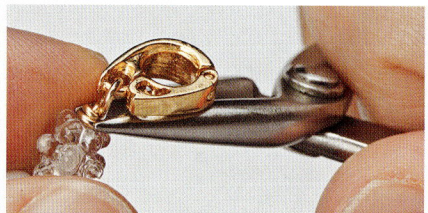  

残ったTピンの先をニッパーで切る。	切ったTピンの端を平ヤットコでおさえる(これでクリッカー固定)。		クリッカーは写真のように開いて、必要な個所にかませて閉じて使う(自由に取り外しできる)。

チェーンネックレスを作る

チェーンはネックレス部分にする目の細かいものとヘッド飾りに使う目が大きめのものの2種を用意し、それぞれにバランスを見ながら玉やメタルパーツを飾っていきます。

用意するもの

①目の大きいチェーン（ヘッド飾り用）　②玉さまざま　③飾りTピン
④メタルビーズ　⑤葉っぱの透かしパーツ（銀）　⑥丸カン
⑦留め金具（カニカンと板ダルマ）　⑧目の細かいチェーン（ネックレス部分用）

使用工具

・片丸ヤットコ　・平ヤットコ　・石留めヤットコ　・ニッパー

■ 玉のパーツを作っておく

予め、玉に飾りTピンを通し上を輪にしておく（作り方p.10参照）。

■ ヘッド部分を作る ── ヘッド飾りの目安になる主要な玉を留めつける

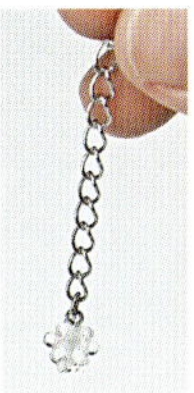

好みの玉を開いた丸カンに通し、ヘッド飾りのチェーンの先端に留めつける。

大きめの玉の輪を開き、丸カンを使わず直接ヘッド飾りのチェーンの途中に留めつける。

さらに玉をもう1つ直接留める。

> **ポイント**　この後、ヘッド飾りをネックレス部分に固定してから、さらにこの3つの玉をガイドに他の玉やメタルパーツを飾っていく。
> その際、間のびしないように、玉とメタルパーツは丸カンを使わず直接留める。

■ ネックレス用のチェーンにヘッド部分を固定する

ヘッド飾りの大きいチェーンに、ネックレス部分になる細めのチェーンをくぐらせる。

ネックレスチェーンの中央にヘッド飾りがあることを確認し、ヘッド飾りの両脇に、丸カンを使って玉パーツを1つずつ留めつける。これでヘッド飾りが固定される。

■ 玉やメタルパーツをバランスを見ながら全体に飾り付ける

ネックレス部分には小さな丸カンを使って留める。

> **ポイント**　ネックレス部分はチェーンの目が細かいので、小さな丸カンを使って玉とビーズを留めつけていく。ヘッド飾りは大きめのチェーンを使っていることもあり、上記のように玉とビーズは直接留めていく。

■ 留め金具をつけて完成

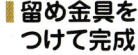

最後に、ネックレス用チェーンの先端に丸カンでつないだカニカンと板ダルマをそれぞれ留めつけて、完成。

ブレスレットを作る

留め金具にマグネット・クラスプを使った着脱しやすいブレスレット（Ⓐ）をご紹介します。
また、留め金具を使わずに伸びるテグス（ナイロンゴム）で手軽に作るブレスレット（Ⓑ）もご紹介します。

用意するもの

Ⓐ ①メインの玉（左右12mm） ②小玉 ③市販の赤いシードビーズ
④マグネット・クラスプ（留め金具） ⑤丸カン（2個）
⑥ボールチップ（4個）とつぶし玉（8個） ⑦ナイロンコートワイヤー
Ⓑ ①玉（オベロンに通した状態） ②伸びるテグス・オベロン（手芸用 0.8mm）

使用工具

Ⓐ ・平ヤットコ ・石留めヤットコ ・ニッパー ※ほかにクリップ。
Ⓑ ・ニッパー（テグスを切るため。はさみでも可）

マグネット・クラスプで留める2連ブレスレット Ⓐ

■ メインの玉を飾る側を作る

   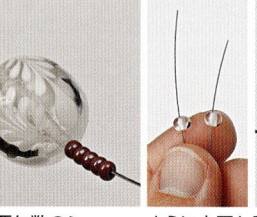

まずメインの玉をナイロンコートワイヤー（以下、ワイヤー）に通す。

ワイヤーの両端から必要な数のシードビーズ（以下、ビーズ）を中央の玉の方へ送る。

さらに小玉も同様に通す。以下、同様の作業で、左右同時に必要な数のビーズと小玉を通していく。

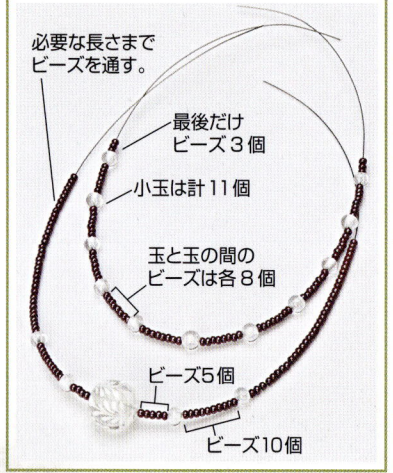

必要な長さまでビーズを通す。
最後だけビーズ3個
小玉は計11個
玉と玉の間のビーズは各8個
ビーズ5個
ビーズ10個

マグネット・クラスプをチェーンでつなぐ工夫

マグネット・クラスプを細いチェーンでつなぐと、着脱の際にブレスレットを落とす心配もなく安心です。また着けている時はチェーンが鉄製（メッキ加工済み）の場合、マグネット・クラスプにくっつき、装飾にもなります。

マグネット・クラスプを離した状態。　マグネット・クラスプを留めた状態。

■ 小玉とビーズのみの側を作る

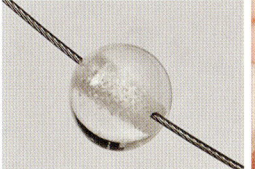
まず、ワイヤーに小玉1つを通す。

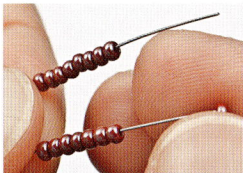
先の作業同様、必要な長さになるまでワイヤーの両側からビーズと小玉を通していく。

■ ワイヤーの端をボールチップで留める

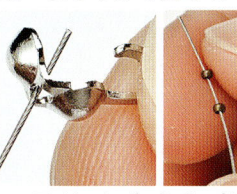
ビーズが落ちないように、作業していない側のワイヤーをクリップではさんでおく。

ワイヤーにボールチップとつぶし玉2個を通す。

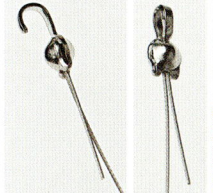
p.14、15と同様の作業でワイヤーの端を留め、ボールチップの上を輪にする。

ビーズと玉の中にワイヤーの端を通す。

ワイヤーの端は小玉の中に納める。

■ 留め金具（マグネット・クラスプ）をつける

丸カンを開け、メインの玉のある側のボールチップの輪を通す。

小玉とビーズのみの側のボールチップの輪も通す。

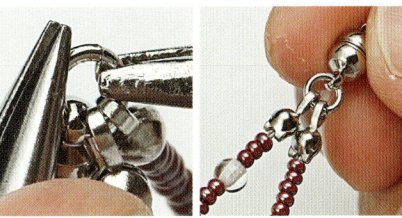
最後にマグネット・クラスプも丸カンに通し、丸カンを閉じる。

片方の端が完成。残る側も同様に端を留めて（p.15、16参照）、クラスプをつける。

伸びるテグスで手軽に作るブレスレット Ⓑ

ポイント 伸びるテグス（オペロン使用）は細い繊維をより合わせて作ってありテグスよりも太くて丈夫だが、通す玉の穴がなめらかになっていないと切れることがあるので注意が必要。なお、重さがあるものや穴が大きい玉などを使う時は、伸びるテグスを2本取りにした方が安全でしょう。また、2本取りにする場合は結び目も大きくなるので、結び目を隠せるビーズやパーツも加えておくとよい。

伸びるテグスにすべての玉を通したら、玉と玉の間にすき間がないように玉を詰めていく。

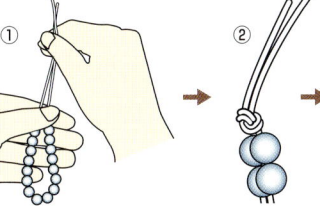
① ② ③ ④
① テグスをぐいっと引っぱり、伸びた部分で輪を作り2束結びにする。
②
③ 左右に引っぱり、結び目がほどけないか確認する。
④ 結んだ一方をくぐらせて裏に回して玉結びする。

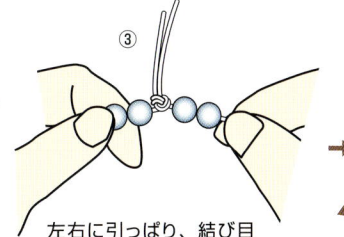
⑤ ⑥

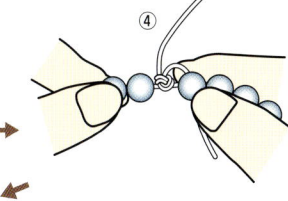

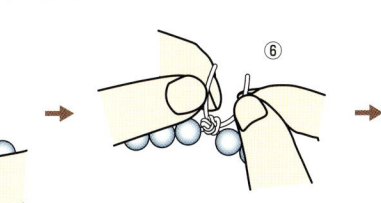
ニッパーで余分なテグスを切る。

玉を少しずらしながら、結び目を玉の中に隠す。

指輪を作る

リング金具を使った指輪2種をご紹介します。ほかにも各種リング金具が市販されていますのでチャレンジしてみてください。また、硝子の指輪作家・池田千登勢氏によるトンボ玉の要領で作るソフトガラスの指輪が「家庭ガラス工房」シリーズ『トンボ玉2――ガラスのジュエリー』で紹介されていますので、興味のある方はそちらもご覧ください。

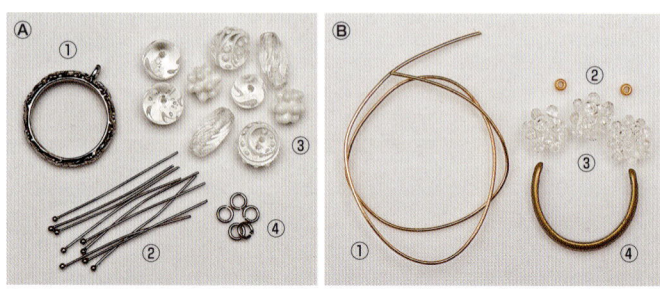

用意するもの
Ⓐ①リング金具　②飾りTピン　③玉さまざま　④丸カン
Ⓑ①真鍮線（アーティスティック・ワイヤー）
　②金色のシードビーズ（TOHOビーズ）　③玉　④リング金具

使用工具
Ⓐ・片丸ヤットコ　・平ヤットコ　・石留めヤットコ　・ニッパー
Ⓑ・平ヤットコ　・石留めヤットコ

飾りTピンに玉を通し、先端を輪にする（p.10参照）。他の玉も同様にして玉パーツを作る。

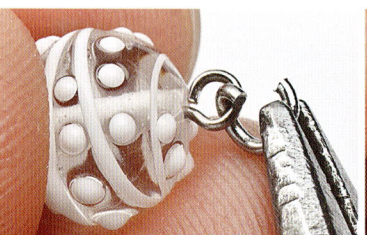

まずガイドになる2つの玉を丸カンに通す。

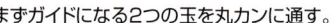
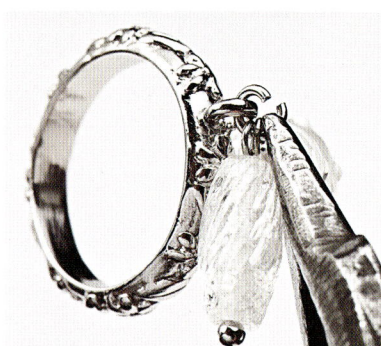

2つの玉パーツをつけた丸カンをリング金具の輪に通し、丸カンを閉める。

玉を追加していき完成させる。

追加していく玉は全体のバランスを見ながら、間のびしないように丸カンを使わず直接リング金具の輪に留めていく。なお、この指輪では透明をベースにした玉の中に白だけの玉を1つ入れてアクセントにしている。

■ 片方のリング金具の穴にワイヤーを留める

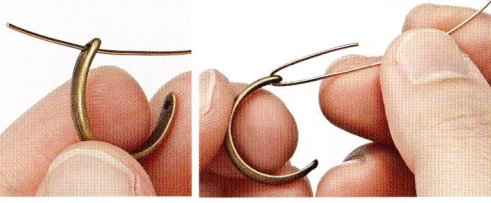
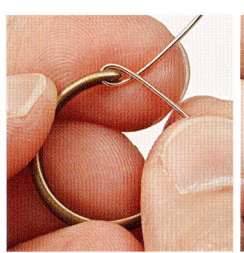

リング金具の穴にアーティスティック・ワイヤー(以下、ワイヤー)を通し、巻きつけやすいように3〜4cm残して曲げる。

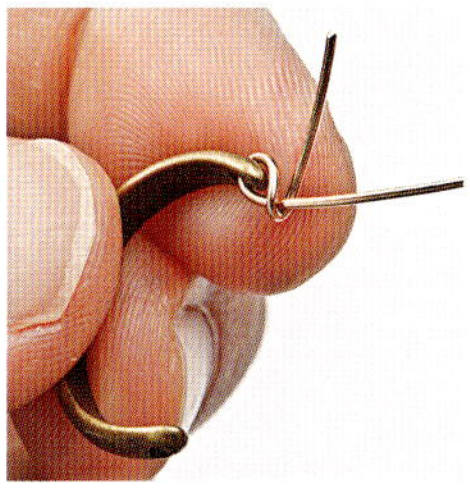

短い方のワイヤーを長いワイヤーに交叉させてくるりと曲げる。

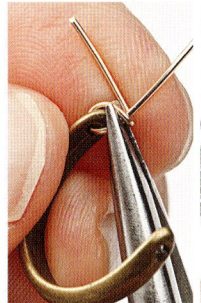

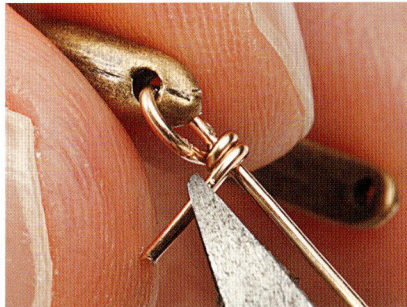
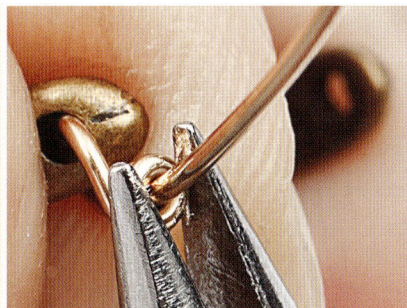

平ヤットコでワイヤーの交叉部分をおさえる。

ワイヤーの輪になった根元を平ヤットコでおさえて、短い方のワイヤーを2周半しっかり巻きつける。

余分なワイヤーをニッパーで切る。

ワイヤーの切り口を平ヤットコでおさえる。

■ ワイヤーに玉とビーズを通し、リング金具の反対側に留める

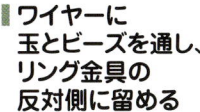

ワイヤーに玉と金色のビーズを通す。

ワイヤーに玉3個と間に金色のビーズを1つずつ通し、カーブをつけて曲げて仕上がり状態を見る。

①②もう一方のリング金具の穴に外側からワイヤーを通し、最初に通した側と同様に、交叉させてくるりと曲げる。
③ワイヤーの交叉部分を平ヤットコでおさえたら、ワイヤーを巻きやすい長さにいったん切り、片側と同様2周半巻きつける。

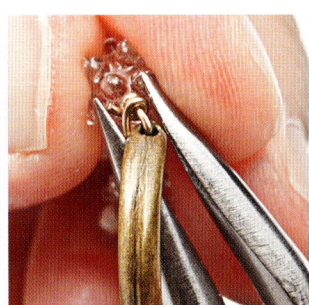

巻き終えたら、余分なワイヤーをニッパーで切る。

ワイヤーの端をしっかり平ヤットコでおさえる。

ワイヤーの端が内側にくると指にふれるので、リング金具の外側に向けるような感じで調整する。

最後に、全体にワイヤーのゆがみを直して完成。

イヤリングを作る

イヤリングに使用する玉は、メインの長い玉は同じ模様ですが、小玉（各2個）は左右で模様を変えてデザインに変化をつけています。また、玉を通すTピンは玉が安定するようにしっかりしたものを使用します。

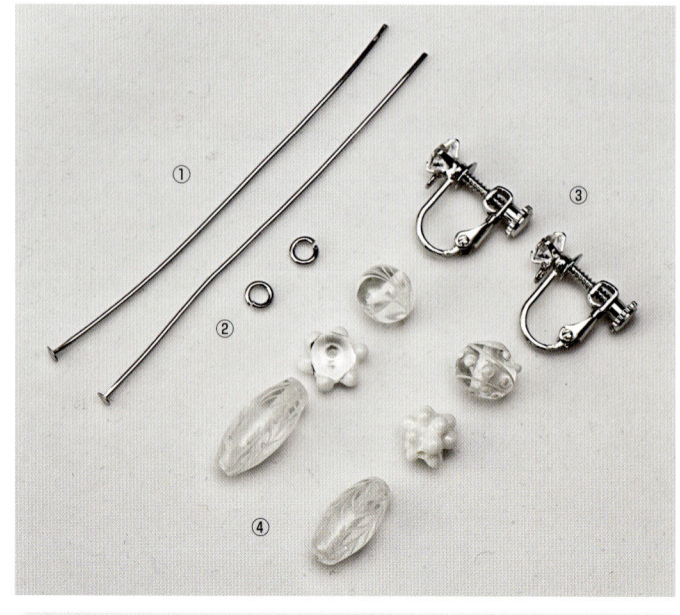

用意するもの
①Tピン（しっかりした太めのもの）　②丸カン　③イヤリング金具
④玉・左右各3個（大きい玉を除いて、玉を左右で変えて変化をつけている）

使用工具
・片丸ヤットコ　・平ヤットコ　・石留めヤットコ　・ニッパー

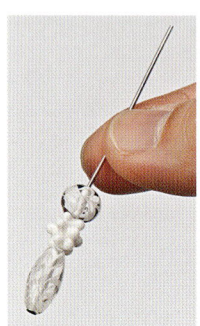
しっかりした太めのTピンを使い、必要な玉を通す。

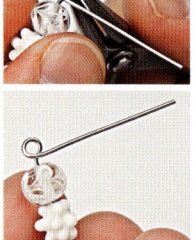
片丸ヤットコを使って、Tピンの先端を輪にする（p.10参照）。

立ち上がり部分にTピンを2周半しっかり巻きつける（p.10参照）。

余分なTピンをニッパーで切る。

切った部分を平ヤットコでおさえる。

開いた丸カンに玉の上の輪を通す。

玉パーツを通した丸カンをイヤリング金具の輪に通す。

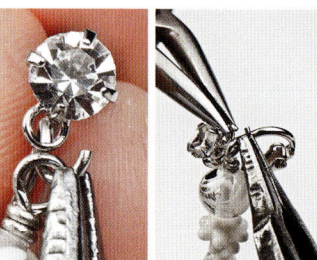
丸カンを閉じて、完成。

ポイント
イヤリング金具の先端の飾り（ここでは透明のカットグラス風ビーズ）は、ぶらさげる玉と合うものを選ぶとつけた時に響き合って美しい。

ピアスを作る

ピアスは左右同じ種類の小玉を使います。また、玉の下にはチェーンのフリンジをつけて軽やかさを演出し、軽量化も図りました。

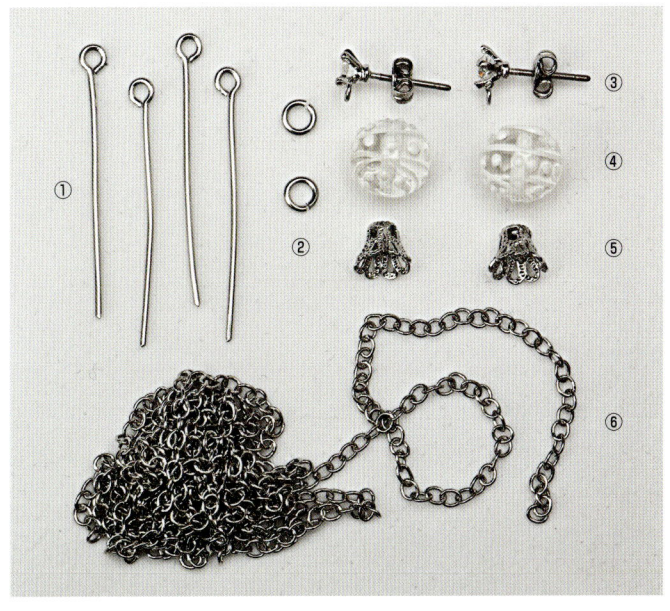

用意するもの
①9ピン ②丸カン ③ピアス金具 ④玉・各1個 ⑤金属パーツ（座金）
⑥チェーン

使用工具
・片丸ヤットコ　・平ヤットコ　・石留めヤットコ　・ニッパー

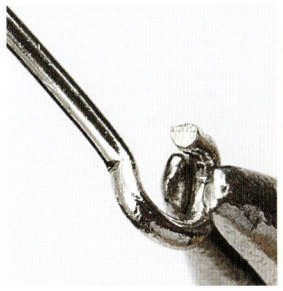
9ピンの先端部分を平ヤットコで開く。

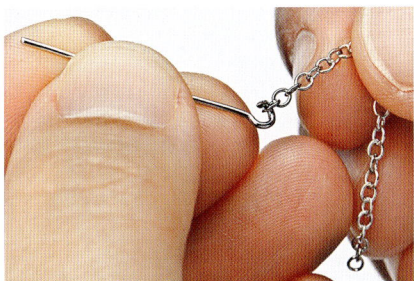
9ピンの先端にチェーンを通す。

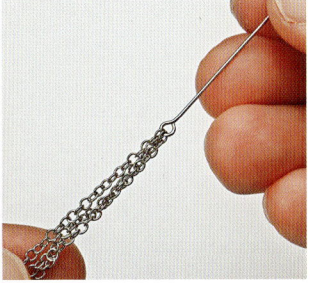
長めのチェーンは半分に折って通し、計3本とする。

9ピンを閉じ、座金を通して9ピンの頭を隠す。

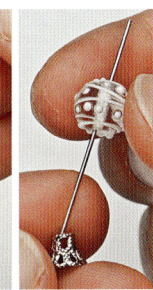
上から玉を通す。

9ピンの先で玉の先端に輪を作り、2周半巻きつけて切る（作業はp.10参照）。

丸カンを開け、玉の上の輪に通す。

ピアス金具の輪に、飾りの玉とチェーンをつないだ丸カンを通す。

丸カンを閉じて、完成。

ポイント イヤリング同様、ピアス金具先端の飾りは、つるす玉などと合うものを選ぶとよい。

ブローチを作る

1本のテグスを使って全ての玉とビーズをシャワー金具に留めつけていきます。なお、シャワー金具はStep2 (p.64～68) のドーナツ形のほか、さまざまな形のものが市販されていますので用途に合わせて選んでください。

用意するもの

①中に銀がうすく入っているビーズ（市販のビーズ）　②玉さまざま
③テグス（手芸用 0.3mm 3号）　④ブローチ用シャワー金具（表側と裏ブタ）
※シャワー金具は穴が規則的にきちんと空いたものでないと、最終的にきれいに仕上がらないので、購入する際はよく確認してください。

使用工具

- 平ヤットコ
- ニッパー（ハサミも可）
- 接着剤：ウルトラ多用途 SU（1液タイプ）

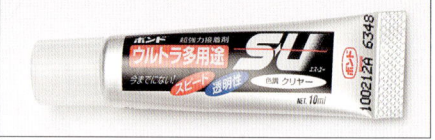

左右30mm

■まず、表側のシャワー金具の中間に玉を1周（6個）留めてガイドにする

 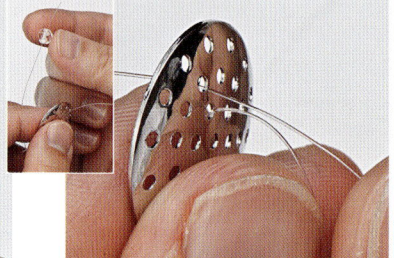  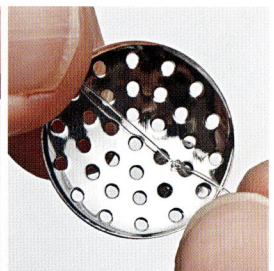

シャワー金具（表側）の裏から出したテグスに玉を通し、隣の穴から裏に通す。　　　　テグスは片方を10cm程残し、まず裏でしっかり2度結ぶ。

ポイント
最初に結んだ残りの長い方のテグスを使って、最後まで順に玉を留めつけていくことになる。短い方（10cm）は、途中で裏でテグスを結ぶ時に使っていく。

続いて、同様の作業で、隣りの穴に玉を通していく。　　シャワー金具の中間に留めた同じ種類の玉6個。これをガイドに次の玉を留めていく。　　シャワー金具を裏から見た状態。1周留め終わったら、裏でテグスを3回結ぶ。

▌中間の玉の外側に
　ディスク状の玉を6個留めつける

▌外周のディスク状の玉の間に
　玉1個と銀色ビーズ2個を入れ、外側を埋める

最初に留めた中間の玉の外側に、ディスク状の玉を1周留めつける。中間の玉と玉の間に納まるように固定すること。1周留めたら裏でテグスをしっかり2回結ぶ。

先のディスク状の玉の間に銀色ビーズ2個と玉を通す。テグスは金具の穴に通さず、まずディスク状の玉の穴を通してぐるりと1周する。

外側の玉を全て留めたらテグスを金具の裏に通す。裏でしっかり結んだ後で何度か金具の穴をくぐらせて、時々テグスをしばりながら、あらためて外側の玉とビーズを金具に留めていく。

外側の玉を全て留め終えたらテグスを裏に通し、3回しっかり結ぶ。

▌中心の玉を留める

中心の穴からテグスを出し、中央の玉を通す。テグスを金具の穴にくぐらせながら玉を2回しっかり留める。

最後に裏でテグスを2度結ぶ。

▌裏ブタを表金具にはめ込み完成

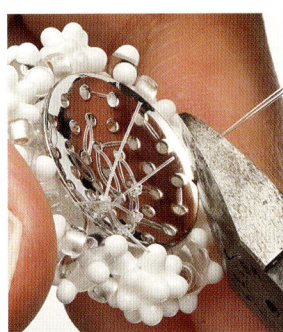

結び終えたらシャワー金具内に納まる程度にテグスを残し、余分なテグスをニッパーで切る。

まず最後の結び目に接着剤をつける。続いて、他のテグスに軽く塗るような感じで接着剤を全体につけていく。

次に、裏ブタの下側のツメ2つを平ヤットコで内側に曲げる。表側の天地を確認してから、下からはめ込むような感じで裏ブタを組み合わせる。

最後に上側のツメ2つを平ヤットコでおさえて、裏ブタと表側の金具を合わせて完成。

スカーフピンを作る

専用金具に好みの玉やメタルビーズ、チェーンなどをバランス良く飾って、スカーフピンを作ります。

左右50mm

用意するもの

①スカーフピン金具 ②飾りTピン ③星形メタルチャーム
④市販のメタルビーズ ⑤玉さまざま ⑥丸カン ⑦チェーン

使用工具

・平ヤットコ ・石留めヤットコ

飾りTピンに玉を通し、先端を輪にした玉パーツを用意する（作業はp.10参照）。

好みの長さに切ったチェーンを2本、開いた丸カンにひっかける。

さらに3本追加し、計5本にする。

チェーンをつけた丸カンを金具の後部の輪に留めつけ、フリンジ飾りとする（チェーンの長さがちがっているところがポイント）。

長短をつけたチェーンを2本丸カンに通し、金具の先端の輪に留めつける。

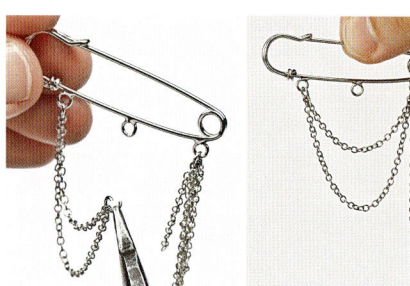

金具の先端に留めつけたチェーン2本の先に丸カンを通し、写真のように後部の輪に留めつける。

玉パーツの輪に開いた丸カンを通し、金具の先端の輪に留めつける。

金具の中央の輪には丸カンを使わず直接玉を留める（間のびしないように）。

ポイント 玉やメタルパーツは、全体のバランスを見ながら自由に飾っていく。金具の輪に直接つけたり、チェーンの途中に留めつけるなど、いずれも最初の玉以外は丸カンを使わずに直接留めた方が間のびした印象にならない。星形メタルチャームは5本のチェーンを留めた丸カンに直接留めている。

私のアクセサリー材料の主な入手先 ・貴和製作所（主に基礎金具、メタルパーツ、ビーズ）・パーツクラブ（主にメタルパーツ）・イービーズバザール（天然石ビーズ）・ビーズショップ j4（主にメタルパーツ、樹脂、プラスチックビーズ）・メルヘンアート（革、ひもなど）・ヤフーオークションなど（主にメタルパーツ、民族風ビーズ）・エスニック・アジアン雑貨などの店 ※ほかにも各種販売店がありますので、自分のデザインに合わせて探してみてください。

Step 2
パーツを作らず
心に浮かぶイメージを玉に込める
― 駒野幸子の世界 ―

Step2でご覧いただくのは、アクセサリーに仕立てることで、引き立て役の小玉やビーズたちと響き合い、さらに輝きを増すトンボ玉たちです。トンボ玉作りでは、まず作りたい作品のイメージを明確に思い描くことが大切です。私の作品のイメージは、とらわれない遊び心を忘れず、日常の小さな感動を大切にしていく中から浮かび上がってきます。
また、多くの先人達の技法を学びながら、自分なりに試行錯誤を重ねて失敗の連続の中から自分の玉作りの技法も見えてきます。
あなただけにしかできない"私だけの玉作り"を是非追求してください。ここではパーツを使わない玉作りに絞ってご紹介します。

―― 駒野幸子 ――

オリエンタル玉 &
バクの玉

オリエンタル玉を作る

ガラスの色と点と線の組み合わせで中東風の雰囲気の玉を作ります。技法は基礎技法の点打ちと線模様の組み合わせです。点と線はいずれも凸状態で完成させます。

使用ガラス
上：紺色（鉛ガラス）
中：緑（鉛ガラス）・細引き
下：濃い目のベージュ
　　（ソーダガラス）・細引き

使用工具
・左官ゴテ
・芯棒：大きい玉　2mm
　　　　小さい玉　1.2mm

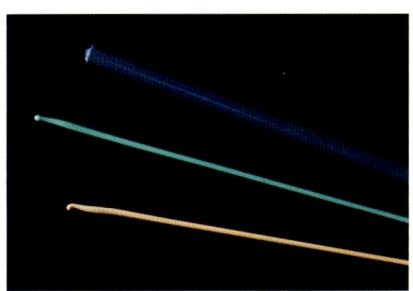

ポイント　点の大きさとバランスについて

先端が太い玉の場合：太い先端の中央を1周する大きい緑色の点をメインに、上下の点は列により少しずつ大きさを変えて全体のリズムを作っていく。下側が細くなっている下玉の形に合わせて、下側のベージュ色の小点は縦に2つ並べている。

なつめ形の下玉の場合：下玉の形に合わせてベージュ色の点も全て対称に打つ。写真右のなつめ形の玉（☆）は上下とも極小のベージュ色の点を縦2個打っているが、p.31の"小さなオリエンタル玉"は上下のベージュ色の小点は1個ずつ。玉の大きさなどに合わせて工夫してみてください。

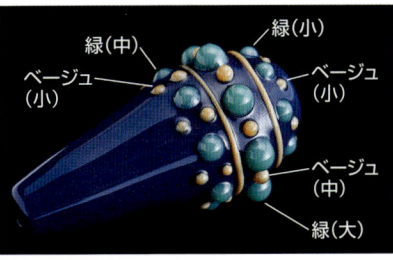
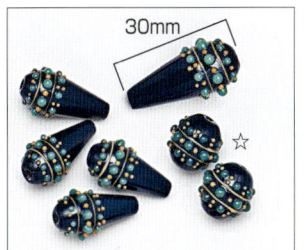

大きなオリエンタル玉

ポイント
・模様の線と点は最後に凸状態で残す。そのため途中で玉の形に手を加えることができないので、玉は下玉の段階できちんと整えておくこと。
・下玉の形が細長い場合は特に作業中の温度差が出やすい。点を1周打ち終えるたびなどに、玉全体を回しながら軽く炎にあぶり、全体の温度を均一にすることを忘れないようにする。

▍下玉を作る

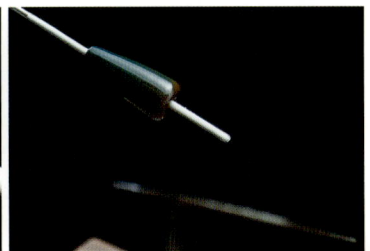

地の紺色をたっぷり熔かし、長めにひと巻きにする。　さらに厚みを持たせる部分に、少しガラスを足す。　コテの上でころがしベースの形を作っていく。

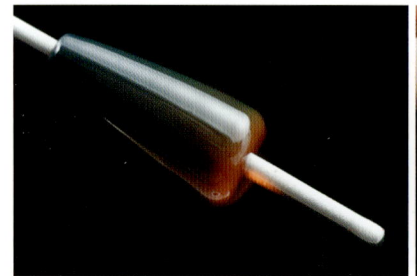  

太い方の端をあたため、コテでおさえて先端の形を作る。　　下玉完成。

■ 先端の太い部分に平行に2本の線を巻く

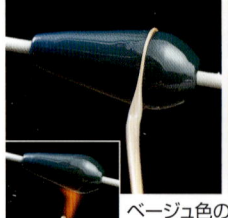 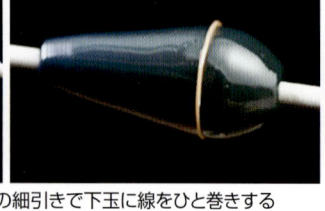  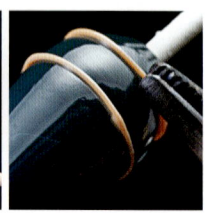

ベージュ色の細引きで下玉に線をひと巻きする（炎は線を引いていく細引きの根元に当てる）。　すぐに線をコテでおさえる。　同様にして、先端側に平行にもう1本線を巻く。　線にゆがみがあったらピンセットで整える。

■ 線をガイドに点を打っていく

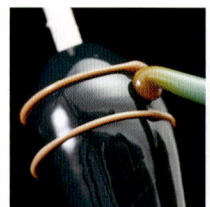   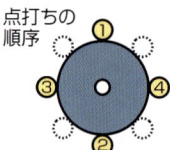  

続いて線をなじませすぎないうちに、緑色の細引きで2本の線の間に点を打っていく（全部で8個）。　まず十字に打って、最後に各点の間に1個ずつ打ち計8個とする。　次に下の段に少し小さめの点を8個打つ。　上の段にさらに小さい点を打つ。

   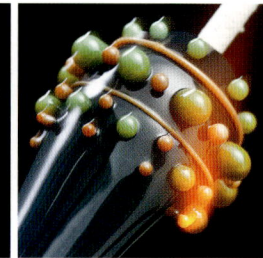

点の位置を確認する。ずらしたい時は、軽くあたためてピンセットかコテを使って動かす。　線の間に打った緑色の大きい点の間に、ベージュ色の細引きで小点を打つ。　下側にさらに小さなベージュ色の小点を打つ。　先に打ったベージュ色の点と縦にそろえて、下側にもう1つずつ小点を打つ。

太い方の端から見た点の様子。　最後に先端にベージュの小点を1周打つ。これで点打ち終了。　線と点が凸状態で残るように、くるくる回しながら軽くなじませる程度に炎の中で全体をあたためて、完成。

30

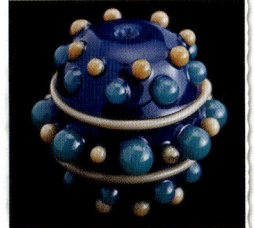

小さなオリエンタル玉

ポイント イヤリング飾りにも使用する小さな玉は、組む際に穴うめビーズを使わずに軽量化できるよう、1.2mm芯棒で作る。下玉はできるだけ小さく。

 点模様もいろいろ工夫してみてください。

■なつめ形の下玉を作る

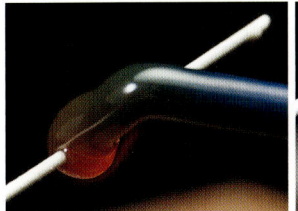  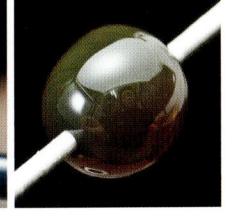   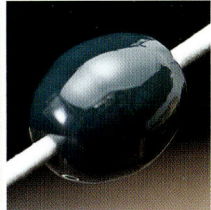

紺色のガラスを熔かし、一度に巻きとる。　　炎で丸くする。　　コテの上でころがして円筒形にする。　　両端をおさえて、なつめ形にする。

■大きい玉と同様に、線を巻き点を打っていく

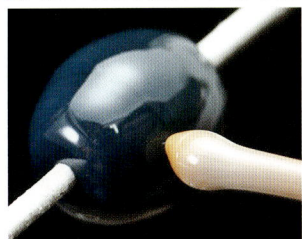 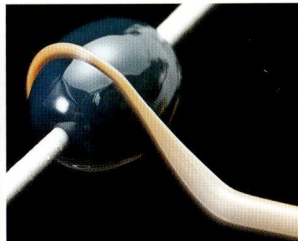 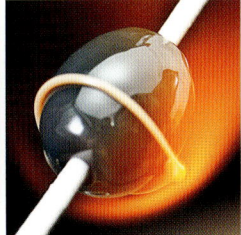  

熔かしたベージュ色の細引きの先端を下玉につけて引っぱり、細い線でひと巻きする。　　同様にしてもう1本、線を巻く。

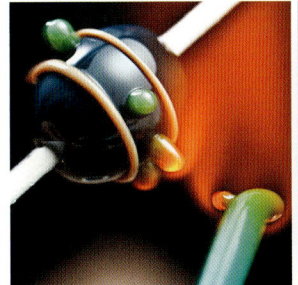  

2本の線の間に緑色の細引きで大きめの点を8個打つ。　　さらに、線の下側に小さな緑色の点を打つ。　　線の上にも下側と同じ大きさの小さな点を打つ。

中央の大きな緑色の点の間にベージュ色の細引きで小さな点を打つ。　　下側の口側に点を打つ。　　最後に先端にも点を打つ。　　炎の中で軽くなじませて完成。

左右33mm

バクの玉を作る

p.57～61ではひとつの塊（玉）からガラスを動かしてサル玉を作る方法を紹介しますが、ここでは各部位を熔着していく方法でバクを作ります。素材のガラスはモレッティガラスを使います。

使用ガラス
上：グレー・細引き
中：白
下：黒
※全てモレッティガラス。

使用工具
・ピンセット　・平ピンセット
・左官ゴテ　・芯棒：2mm

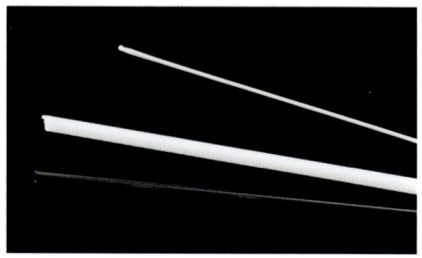

ポイント　使用するモレッティガラスは日本のソフトガラスよりも硬めだが、エアバーナーでも作業できる。また硬いためよくあたためても形が崩れにくく、さらに熔着の際はしっかりくっつくので小さな作品作りには適した素材といえる。軽いという特長もアクセサリーに仕立てる際には利点となる。

■胴体を作る

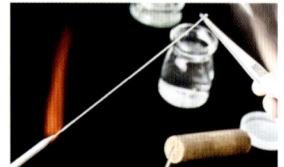
最後につける目のため、事前に白っぽいグレーのガラスで細引きを引いておく。

白いガラスを熔かして必要な大きさに巻きとり、炎で丸くする。

平ピンセットで軽くおさえて平らにする。

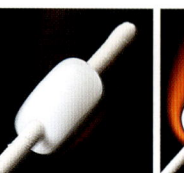
焼いてコテ跡を消す。

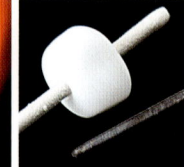
この後、頭とおしりをつけるので、両端を軽くコテでつぶす。

■おしりをつける

黒いガラスをよく熔かす。

白の熔着面もあたためて、黒ガラスをつける。

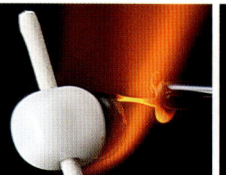
あぶってしっかり熔着する。

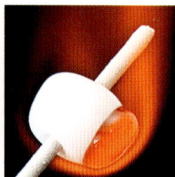
側面に段差ができないように、コテで平らにする。

■後脚としっぽをつける

後脚になる黒ガラスをたっぷり熔かし、おしりにしっかりつける。

つけた黒ガラスをゆっくり引っぱりながら少し下に向けて伸ばし焼き切る。また、ペンダントトップにする際にバクのおなかが玉の上に乗るので、玉のじゃまにならないように脚は外側に開き気味にする。もう一方の脚も同様にしてつける。

さらに黒ガラスで小さなしっぽをつける。

 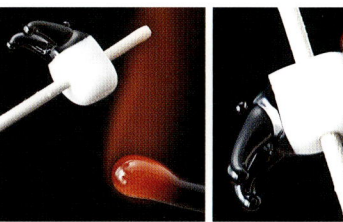 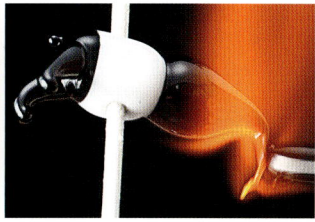 

頭部をつける

肩から鼻先まで一気に作るので、黒ガラスをたっぷり熔かしてつけ、焼き切る。

両脚の先をあたためて、コテで下から上に押し、足首の形を作る。

   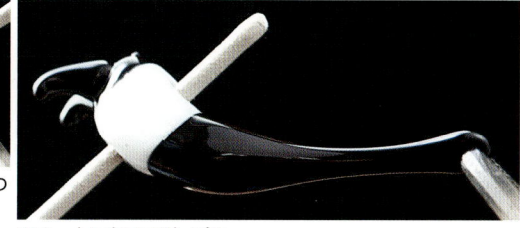

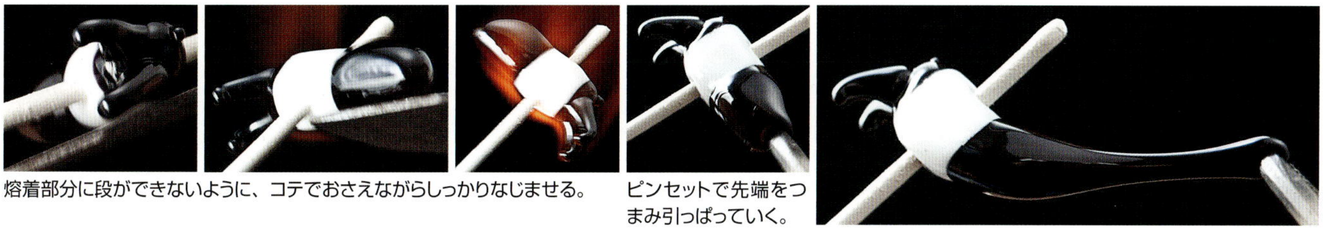

熔着部分に段ができないように、コテでおさえながらしっかりなじませる。

ピンセットで先端をつまみ引っぱっていく。

まず、上に向けて引っぱる。

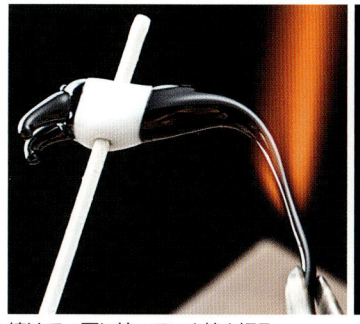 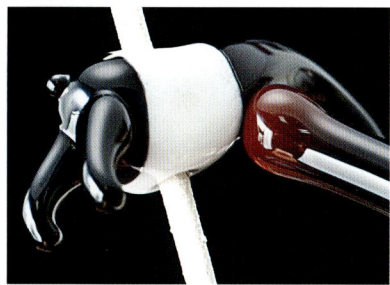

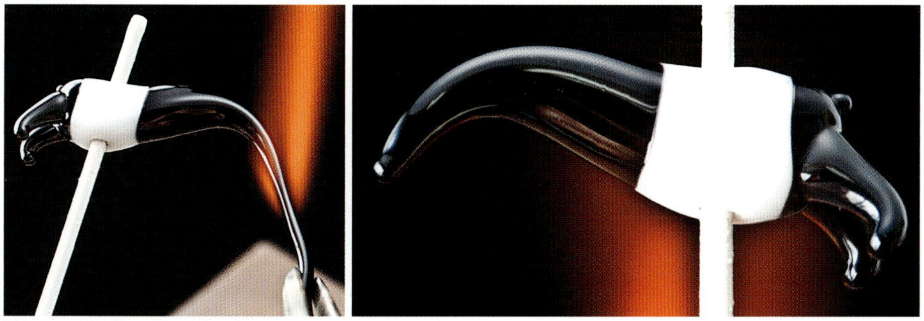

続けて、下に持っていき焼き切る。

前脚をつける

熔着面もよく焼いて黒ガラスをつける。

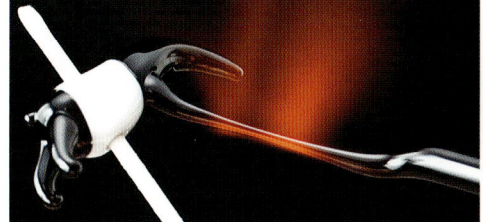  

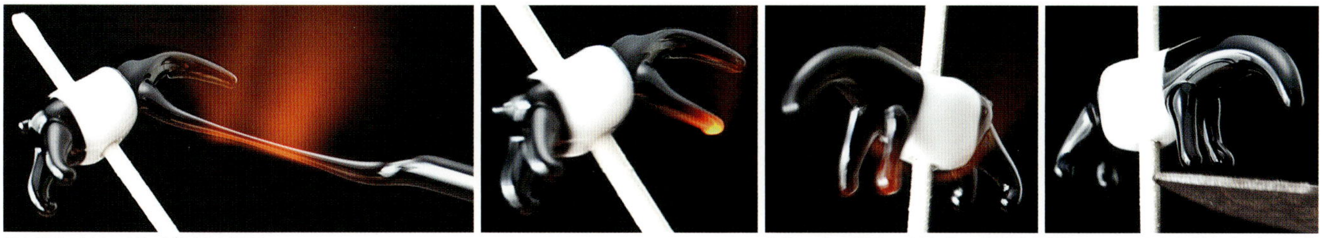

少し下に向けて引っぱり焼き切る。

もう一方の脚もつけたら、後脚と同様にコテで下から持ち上げて足首を作る。

 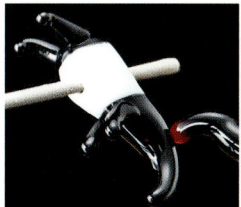  

耳をつける

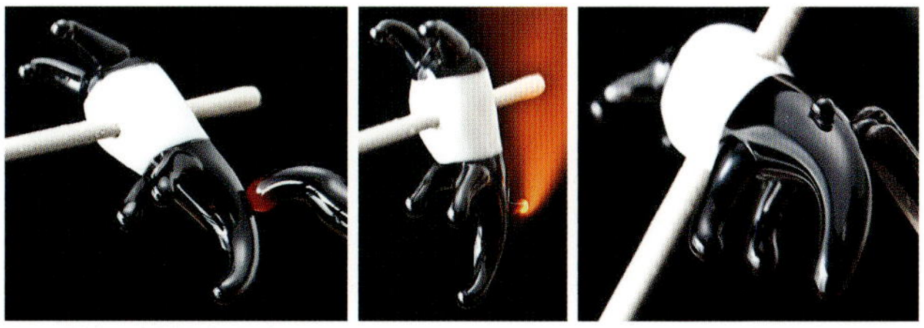

黒いガラスを熔かし耳をつける。

両耳をつけたら、ピンセットで少しつまんで平らにする。

耳と目をつける前に、回しながら全体に熱を通す。

目をつけ、完成

グレーの細引きで目をつける。

目の点が熔け込みすぎないように、軽く全体をあぶって完成。

オリエンタル玉のネックレスを作る

中東風の雰囲気のオリエンタル玉を使ってネックレスを作ります。ヘッド部分の大形のオリエンタル玉（作り方p.29、30）のほか、ネックレス部分に使用する小形のオリエンタル玉（4個）と、模様は同じで丈が短い玉（2個）の7個を用意します。また、その他の石やメタルビーズなどは、玉の色に合うものを選びます。

用意するもの

①留め金具の受け側
　（板ダルマ、丸カン、つぶし玉2個、ボールチップ）
②留め金具の引っかける側
　（カニカン、丸カン、つぶし玉2個、ボールチップ）
③ナイロンコートワイヤー
④穴うめ用プラスチックビーズ　⑤メノウビーズ
⑥ラピス・パイライト（小、4mm）　⑦オリエンタル玉（小）
⑧⑩民族風メタルビーズ
⑨ラピス・パイライト（中、6mm）　⑪オリエンタル玉（大）
⑫ラピス・パイライト（小、4mm）　⑬Tピン
⑭ラピス・パイライト（大、8mm）　⑮オリエンタル玉（中）
⑯ラピス・パイライト（中、6mm）
※ほかにヘッド飾りの輪の中に入れるつぶし玉1個を用意。
　中央のヘッド飾りは、⑨⑩⑪⑫⑬を使って作る。

使用工具

・片丸ヤットコ　・平ヤットコ　・ニッパー

> **ポイント　玉の穴うめ用ビーズの使用**
>
> 2mm以上の太さの芯棒で作った玉をワイヤーやTピンに通す場合は、玉の中にプラスチックやアクリルなどの軽い小ビーズを入れる。
> 穴うめ用として芯棒の太さに合わせていろいろな長さの小ビーズをそろえておくと便利。
> なお、1.2mmの芯棒を使用する玉（p.37のイヤリングなど）には穴うめ用ビーズは不要。

ヘッド飾りを作る

●以下、ネックレス部分のオリエンタル玉（中、小）についても全て穴うめ用のビーズを通す。

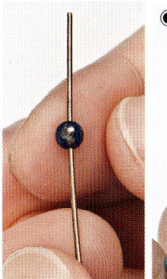

ヘッドの先端にくるラピス・パイライト（小）をTピンに通す。

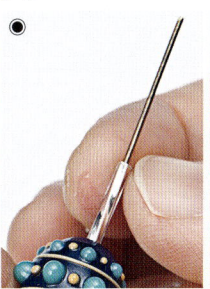

続いてオリエンタル玉（大）を通し、穴うめ用の長いプラスチックビーズを玉の長さに合わせて入れる。

さらに民族風メタルビーズとラピス・パイライト（中）を通し、Tピンの先を平ヤットコで直角に曲げる。

Tピンの先を輪にし、輪を平ヤットコでおさえて、Tピンの残りで立ち上がり部分に2周半巻きつける。

余分なTピンの先をカットし、平ヤットコでしっかりおさえる（作業はp.10参照）。

ネックレス部分を作る

> **ポイント**
> **A. ヘッド飾りの輪の中に小ビーズを入れる**
> （ここでは、輪内に納まる大きさのつぶし玉で代用）
> ヘッド飾りの輪とワイヤーが直接ふれ合わないように、輪とワイヤーの間を小ビーズで埋める。 
>
> **B. ヘッド飾りの固定**
> ワイヤーに玉・ビーズなどを通して作るネックレスにヘッド飾りをつける場合、完成後ヘッドの輪の両脇にアキが出やすい。
> それを避けるため、つぶし玉を使って、ヘッドの両脇に通した玉と一緒にヘッドの輪をワイヤーに固定する。その際は以下の作業写真のように、輪の両脇の玉はつぶし玉がもぐり込まないサイズの穴、つぶし玉の次に入れる玉は切ったつぶし玉を隠せるサイズの穴のものを選ぶ。
> つぶし玉をつぶす時は強くつぶしすぎるとワイヤーが切れることがあるので注意する。

ヘッド飾りを固定する

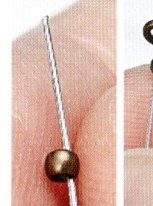

ナイロンコートワイヤー（以下、ワイヤー）に小ビーズ（ここでは、輪内に納まる大きさのつぶし玉で代用）を通す。続いて、ヘッド飾りの輪を通す。(A)

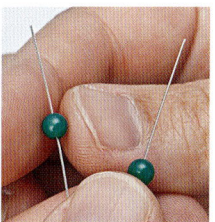

メノウビーズをヘッド飾りの両脇に通す。(B)

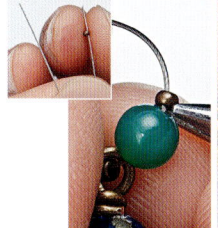

つぶし玉をメノウビーズの両脇に通し、写真のようにつぶし玉の下側を平ヤットコでつぶす。

ヘッド飾りの輪と両脇のメノウビーズをつぶし玉で固定。

最後に、つぶし玉の下側の余っている部分をニッパーで切る。

ヘッド飾りの輪の両脇のメノウビーズは、下側を切ったつぶし玉がもぐり込まない穴のサイズのものを使用すること。

残りの玉とビーズをワイヤーに通していく

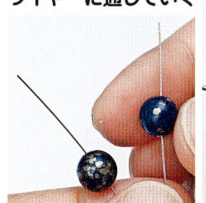

ラピス・パイライト（大）をメノウビーズの両脇に通す。この穴の中に切ったつぶし玉を隠すので、切ったつぶし玉が隠れるサイズの穴の玉を選ぶこと。

この後は、順に玉やメタルビーズなどを通していく。

オリエンタル玉（中、小）には、全て穴うめ用のビーズを入れる。

最後にボールチップとつぶし玉でワイヤーの両端を留め（p.14〜16の作業参照）、丸カンを使って留め金具（カニカンと板ダルマ）を留めつける。

玉乗りバクのペンダント &
オリエンタル玉のイヤリングを作る

小さなオリエンタル玉（p.31）にバク玉（p.32、33）を加えてペンダントを作ります。
小玉を使ったイヤリングには、ネックレスと同様の民族風メタルビーズとラピス・パイライトを使います。

玉乗りバクのペンダントの材料

- メタルパーツ（輪）
- 9ピンの先を輪にし、根元に2周半巻く。
- ラピス・パイライト
- チェーン
- バク玉
- オリエンタル玉（小）（直径15mm）
- 9ピン
- 星形メタルチャーム
- Cカン
- カニカン
- 板ダルマ
- Cカン

用意するもの

①留め金具の受け側（板ダルマ、Cカン）
②留め金具の引っかける側（カニカン、Cカン）
③チェーン（60cm）　④星形メタルチャーム
⑤メタルパーツ（輪）　⑥バク玉　⑦オリエンタル玉（小）
⑧9ピン　⑨ラピス・パイライト（小、4mm）
⑩穴うめ用プラスチックビーズ（極小シードビーズ・白）

使用工具

・片丸ヤットコ　・平ヤットコ　・石留めヤットコ

オリエンタル玉・イヤリングの材料

- イヤリング金具
- 丸カン
- Tピンの先を輪にし、根元に2周半巻く。
- ラピス・パイライト
- 民族風メタルビーズ
- オリエンタル玉（小）
- 10mm

用意するもの

①イヤリング金具　②丸カン
③ラピス・パイライト（小、4mm）　④民族風メタルビーズ
⑤オリエンタル玉（小）　⑥Tピン（0.8mm）

使用工具

・片丸ヤットコ　・石留めヤットコ　・ニッパー

玉乗りバクのペンダント

ヘッド部分を作る

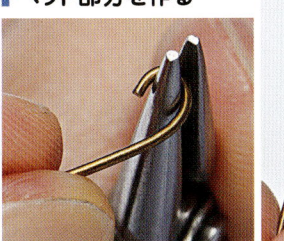

片丸ヤットコでワイヤーの先を丸めて9ピンを作る。

丸めた9ピンの先を開いて、星形メタルチャームを引っかけて閉じる。

9ピンにオリエンタル玉(以下、玉)を通す。

続けて、玉とバク玉の長さ分の穴うめ用ビーズを通し、上からバク玉を通す。

ラピス・パイライトを通す。

9ピンの先を平ペンチで90度に曲げてからくるりと丸くする。

9ピンの先に輪のメタルパーツを通す。

輪の根元に2周半巻きつける。この後、余分な部分は切る。

メタルパーツ(輪)が正面から見て縦につくように、玉の上に作った輪を平ペンチでおさえながらねじって調節する。

チェーンの端に留め金具をつける

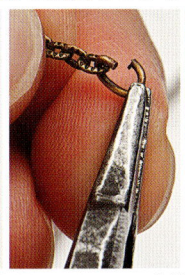

ヘッド部分にチェーンを通し、チェーンの先端にCカンをつけてから、それぞれ留め金具(カニカンと板ダルマ)をつける。

オリエンタル玉のイヤリング

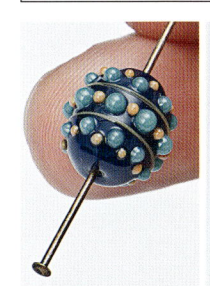

Tピンにオリエンタル玉(小。以下、玉)を通す。

玉、民族風メタルビーズ、ラピス・パイライトの順で通す。

Tピンの上部を輪にし、輪の根元に2周半巻きつける(作業はp.10参照)。

開いた丸カンを輪に通す。

さらにイヤリング金具の輪に丸カンを通して、閉じる。

イヤリング金具の先端の飾りは、下の民族風メタルビーズと合ったものを選んだ。

小さなオリエンタル玉は細い芯棒で作っており、穴うめ用ビーズは不要。

37

〈参考作品〉玉の天地：28mm

カニのレリーフ玉

カニのレリーフ玉を作る

白い下玉の上にカニをのせた玉です。下玉は水辺の石のように平べったく有機的な形に作り、水をイメージした透明部分がアクセントになっています。ネックレスにした際、表裏がないように位置や大きさを変えてカニを両面にのせます。

使用ガラス
- 上：透明（鉛ガラス）
- 中：白（鉛ガラス）
- 下：濃茶色（鉛ガラス）
- ※ほかに黒（鉛ガラス）・細引き。

使用工具
- ピンセット
- 左官ゴテ
- 引っかき用ニードル

左右25mm

脚と目のための細引き（濃茶と黒）を引く

カニの脚を描く濃茶色の細引き（2mm位）を作る。

黒の細引きをさらに細く引っぱり、目のための極細の細引きを作る。

下玉を作る

白いガラスをたっぷり熔かす。

一気に巻きとり、足りない部分にはガラスを足す。

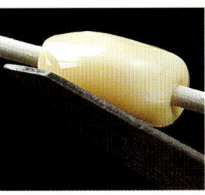

コテでおさえて、きれいな丸形でなく平べったく自然で自由な形の下玉を作る。

続いて、透明ガラスをのせる部分をコテでおさえて平らにする（あくまでアクセントなので小さめに）。

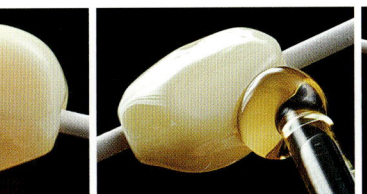

透明ガラスを熔かし、平らにした部分に多めにつける。

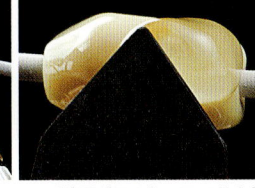

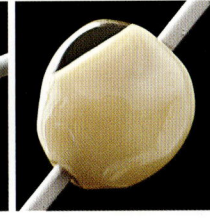

透明ガラスをコテでおさえる。

炎の中で回しながら熔着面をよくなじませ、コテで形を作っていく。

カニをのせる

脚をつける

作っておいた濃茶色の細引きを使い、脚にする線をのせて焼き切る。浮いた線があったらコテなどでおさえておく。

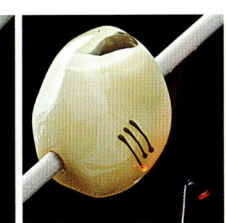

足先を作る

脚の線を4本引き終えたら、引っかき用ニードルで両側の先端を斜め下に向けて引っかき、足先を作る。

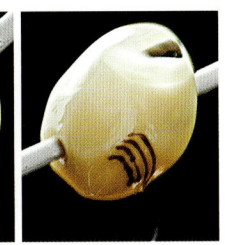

脚を曲げる

全ての足先ができたらあたためて、4本の線の中央を2カ所ピンセットで内側に寄せる。

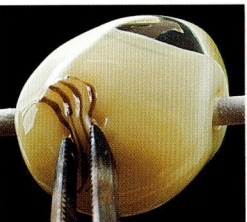

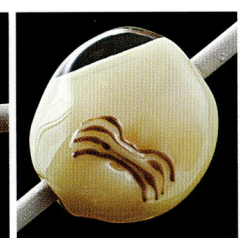

胴体（こうら）をつける

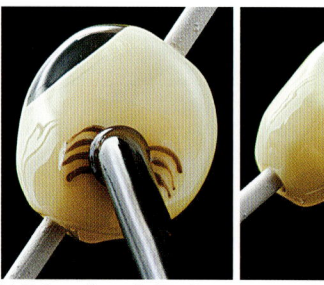

濃茶色のガラス棒（細引きではなく通常のロッド）を熔かし、胴体となる大きな丸を脚の中央につける。

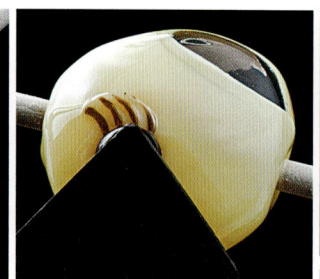

丸を上からコテでおさえる。

ピンセットで丸を上下からはさんで、こうらの形を作る。

ハサミを作る

脚をスパチュラで引っかき、関節の形を作る。

濃茶色の細引きで、ハサミとなる点を打つ。

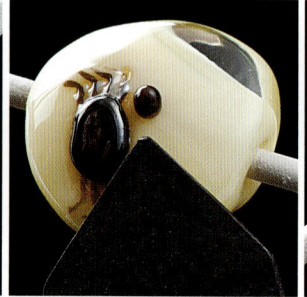

点をコテで軽くおさえる。

引っかく順序

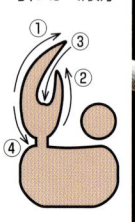

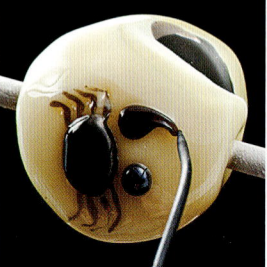

左の図の順に、点を3回に分けてスパチュラで引っかき、ハサミの形を作る。

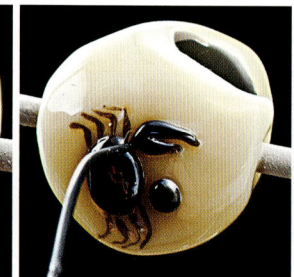

さらにハサミの根元と胴体をつなぐ（図④）。

残る片方のハサミも同様の作業で作る。

目をつけて、完成

作っておいた黒の極細の細引きで、目の点をつける。

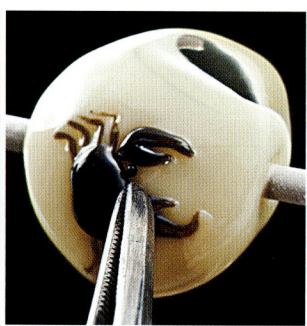

後でとれないように、ピンセットで点を軽くおさえる。

片面のカニが完成（カニは片面ずつ完成させていくこと）。

反対側にもカニをのせる

もう一方の面のカニも同様の手順で作る。作業中、時々反対側の面もあたためることを忘れないように。

それぞれの面でカニの大きさやのせる位置を変えて変化をつける。

カニのレリーフ玉
潮の香りのネックレス ＆ 革ひものチョーカーを作る

カニと白い石（下玉）と水（透明部分）をイメージした玉に、ネックレス部分の石（リバーストーンビーズ）と貝（シェルビーズ）を組み合わせた"潮の香りのネックレス"です。また、Tシャツにも合わせやすい革ひものチョーカーにも仕立てます。

リバーストーン（中）
リバーストーン（小）
リバーストーン（小）
メタルパーツ

全ての丸カンに、飾りのベージュ色の小ビーズ2個を通して使用。

左右に輪を作ったシェルビーズパーツ

左右に輪を作ったリバーストーン（小・中・小）パーツ

革ひもを接着剤で固定する

カツラ＋丸カン＋アジャスター

カツラ＋丸カン＋カニカン

玉の天地：30mm

潮の香りのネックレスの材料

用意するもの
①メタルパーツ ②カニカン（留め金具の引っかける側）
③板ダルマ（留め金具の受け側）
④リバーストーンビーズ〈小〉（4mm、面とりビーズ）
⑤カニのレリーフ玉 ⑥ベージュ色の小ビーズ
⑦リバーストーンビーズ〈中〉（6mm、面とりビーズ）
⑧シェルビーズ ⑨丸カン ⑩9ピン
⑪穴うめ用プラスチックビーズ ⑫Tピン
※ワイヤー、テグス類を使わず、⑨⑩⑫でつないでいく。

使用工具
・片丸ヤットコ ・平ヤットコ ・石留めヤットコ
・ニッパー

カニのレリーフ玉・革ひもチョーカーの材料

用意するもの
①革ひも（編み加工）
②留め金具の受け側（カニカン、丸カン、カツラ）
③留め金具の引っかける側（アジャスター、丸カン、カツラ）
④カニのレリーフ玉
⑤接着剤：ウルトラ多用途SU（1液タイプ）

使用工具
・平ヤットコ ・石留めヤットコ

潮の香りのネックレス

■ヘッドを作る

Tピンにリバーストーン（小）、同中、カニのレリーフ玉の順に通す。続いて、穴うめ用プラスチックビーズも通す。

さらに、リバーストーン（小）を通す。

Tピンの先を片丸ヤットコで立ち上がりを残して直角に曲げる。この後、Tピンをくるりと輪にし、先をメタルパーツに通す。

横から見たメタルパーツの様子（Tピンの先を通した状態）。パーツの内側上下にワイヤーを引っかける部分があるので、Tピンの先をそこに引っかけて曲げる。

メタルパーツとリバーストーンの間にTピンの先を2周半巻きつけて留め、残りをニッパーで切る。

メタルビーズがきちんと正面を向くように調整する。ヘッド完成。

■シェルパーツとリバーストーンパーツを作る

9ピンにシェルビーズを通す。シェルビーズの角はワイヤーできつく締めつけると欠けやすいので、9ピンを根元に巻きつけずに輪にするだけ（輪を作る作業はp.10参照）。

リバーストーンも小・中・小を9ピンに通して先端を輪にする。

■2つのパーツを丸カンでつないで1セットにする

丸カンを開け、ベージュ色の小ビーズを1つ通す。

丸カンをリバーストーンパーツの輪に通す。

丸カンの反対側からも小ビーズを1つ通す。

さらにシェルパーツの輪も通し、丸カンを閉じる。

ベージュ色の小ビーズ2個で飾った丸カンでシェルパーツとリバーストーンパーツをつなぎ、これで1セットのパーツになる。

■ヘッドとパーツをつないでいく

9ピンを写真の形に曲げる。

ヘッドのメタルパーツに曲げた9ピンを通し、メタルパーツの上側の引っかけ部分に引っかけて固定する。

輪にする長さを残して、9ピンの先端をニッパーで切る。

9ピンの先端を片丸ヤットコで曲げ、反対側と同じ大きさの輪にする。

メタルパーツの上側に輪が2つできた様子。

前ページと同様の作業で、丸カンを小ビーズ2個で飾りながら、パーツ1セットをつなぐ。

ヘッドのメタルパーツの片方の輪に、パーツ1セットを通した丸カンを通して閉じる。

ヘッドのメタルパーツの片方の輪に、パーツ1セット分をつないだ状態。

同様にしてもう一方のヘッドの輪にも、パーツ1セット分をつなぎ、その後、好みの長さになるまで両側に1セットずつつないでいく。
最後に、留め金具(カニカンと板ダルマ)を直接パーツの端の輪に留めつけて完成。

カニのレリーフ玉・革ひもチョーカー

丸カンを開き、カツラを通す。

アジャスターも通し、丸カンを閉じる。

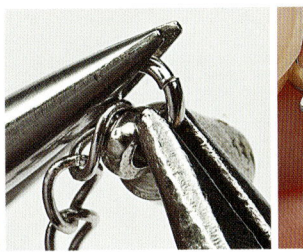

同様にして、カツラを通した丸カンにカニカンを通して閉じる。

カニのレリーフ玉を革ひもに通し、準備する。

革ひもの先端数ミリのところにたっぷりと接着剤をつけ、カニカンつきのカツラをさし込む。
その際、カニカンの引っかける向きが、革ひものカーブの内側になるように注意しながら固定させること。

同様にして、革ひもの反対側にアジャスターつきカツラをつけて完成。

黒い縁取りのある
スパニッシュフラワー模様

カボションカット風
スパニッシュフラワーを作る

生成色（鉛ガラス）にベージュ色（ソーダガラス）をのせると、加熱につれ境目の色から徐々に黒っぽく変色していきます。この現象を利用して、黒っぽい縁取りのある花模様を描きます。

使用ガラスおよび材料
①金箔を巻いた細引き*2
②生成色（鉛ガラス）
③ベージュ色（ソーダガラス）・細引き
④ベージュ色（ソーダガラス）と生成色（鉛ガラス）で作る細引き*1
※ほかに細引き*2の材料となる透明のオレンジ色（ソーダガラス）と金箔。

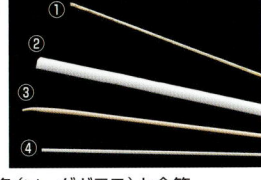

【細引き*1の材料】
上：生成色のガラス
下：ベージュ色のガラス

使用工具
・ピンセット　・左官ゴテ　・スパチュラ　・ローラーニッパー
・彫金用ルーターと砥石ビット

直径26mm

■生成色のガラスにベージュ色のガラスで線をのせて、茎の線のための細引き*1を作る

生成色のガラスを熔かして玉にする。

生成色の上にベージュ色で線をのせる。

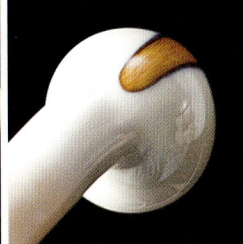

よくなじませる（境目の色が黒く変わっているのでわかる）。

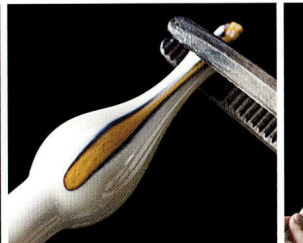

ピンセットで引っぱり、30～40cmの細引きを作る。

■金箔を巻いた細引き*2を作る

オレンジ色（透明）のガラスで必要な太さの細引きを引く。

冷ました細引きを少量の水をつけた指先で軽くこすり、金箔の上をころがす。

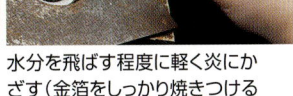

水分を飛ばす程度に軽く炎にかざす（金箔をしっかり焼きつける必要はない）。

さらに紙の上でころがし、浮いている金箔をはりつける。

■下玉を作る

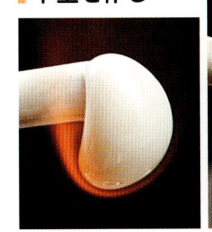

生成色のガラスをたっぷり熔かす。先端をピンセットでつまみ、くるくる巻いて空気を抜く。表面に出てきた泡はピンセットでつまみとる。

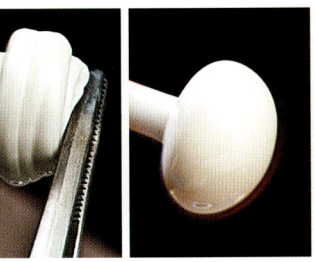

全体をあぶりながら回して、マッシュルーム形にする。

コテで表側と裏側をおさえながら徐々に形を作っていく。全体をあたためながら振って回し、遠心力でさらに平べったくしていく。

ポイント
・この後の作業でも、常に中心がとれているか注意しながら進める。
・時々コテでおさえて、裏側を平らに保つこと。

45

花模様を描く

茎の線を描く

生成色にベージュ色をのせて作った細引き*1（作り方：前ページ参照）で、茎になる線をのせる。線を引いたらコテでおさえる。

さらに2本目ものせる。

時々あぶりながらコテでおさえ、形を整えていく。

線を完全に熔け込ませた状態（黒い線に変わっている）。

葉を描く

茎の線の先端と両側に点を打つ（計5個）。先端の点は大きく。

点をあたためてコテで軽くおさえる。

点をあたためて線（茎）に向けて引っかく。

次に外側に向けて点の先端を引っかいて尖らせ、葉の形を作る。

> **ポイント**
> 葉の部分をなじませすぎると、変色が進み葉全体が黒っぽくなってしまうので、なじむ前に引っかいて色を残す。
> 模様全体についても、作業中に熱を加えすぎると黄色の模様が黒っぽくなるので、変色の進み具合を見ながら好みの色調のところでとめて完成させる。

花を描く

ベージュ色で4弁の花びらにする点を打つ（花は3輪）。

全ての点を打ち終えたら点をあたため、コテで軽くおさえる。

4つの点を中心に向けて引っかく。全体を軽くあぶる。

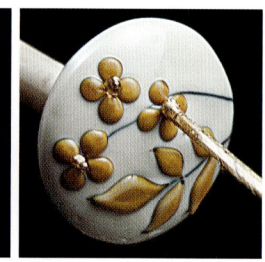

4弁の花びらの中心に、金箔を巻いた細引き*2で点を打つ。

周りの余白にも金箔の細引きで点を打つ。

ベージュ色の細引きも使って、バランスを見ながら点を加える。

軽くあぶって、点をひとつずつコテでおさえる。

ピンセットで首を何度かおさえて細くする。

完成。模様は凸状態で残す。

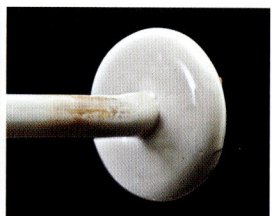

裏側は平らになっていること。ここまでの作業中にも、時々裏側をコテでおさえて平らにしながら進めるようにする。

徐冷後、裏側を平らにする

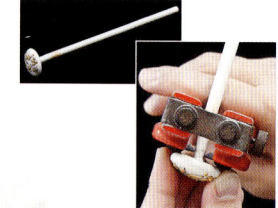

徐冷が終わったら、くい切りかローラーニッパーで首の凹みの境目をカットする。

ハンドルーター（砥石ビットを使用）で、まず、尖った部分を削る。

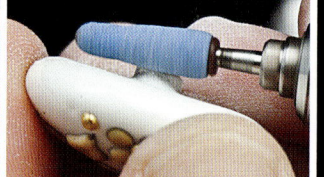

ある程度平らになったら、ビットの腹の部分で削る。但し裏側全体を平らに削る必要はない。残った柄の部分だけ平らにし、写真の状態でとめる。

スパニッシュフラワー模様のネックレスを作る

ネックレス部分はメインのスパニッシュフラワー模様を引き立てるとともにネックレス全体のイメージを創ります。ネックレスに使うビーズはいずれもメインのガラスの色調と響き合う自然な感じの素材のものを選んで、バランスを見ながらアトランダムに並べます。また、ガラスを包むメタルパーツはアクセントのひとつとなって全体を引き締めます。

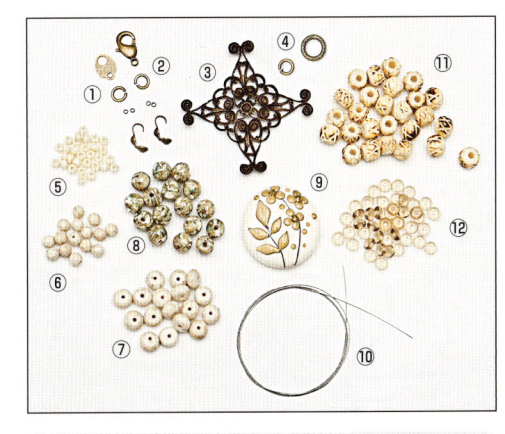

写真ラベル（完成品）： 金具（輪）／丸カン／メタルパーツ／★ 仕上がりでは、裏面はこのようになる。／カニカン／丸カン／ボールチップ／板ダルマ／ボーンビーズ／シェル系ビーズ／金のラメ入りチェコビーズ／リバーストーン（小）／リバーストーン（中）

用意するもの

①留め金具の受け側（板ダルマ、丸カン、つぶし玉2個、ボールチップ） ②留め金具の引っかける側（カニカン、丸カン、つぶし玉2個、ボールチップ） ③メタルパーツ ④ヘッドをつるすための金具（輪、丸カン） ⑤白の極小ビーズ ⑥リバーストーン（小） ⑦リバーストーン（中） ⑧シェル系ビーズ（緑系） ⑨ガラス（スパニッシュフラワー模様） ⑩ナイロンコートワイヤー ⑪ボーンビーズ ⑫ベージュ色（透明）のチェコビーズ（金のラメ入り）

使用工具

- 平ヤットコ
- 石留めヤットコ
- ニッパー

ヘッドを作る

まず、メタルパーツがガラスと接する面と、ヘッドの裏面として見える側を確認しながら置いてみる。

開いた丸カンをメタルパーツに通す（この面は完成時にヘッドの裏面〈★〉となる）。

ヘッドをつるすための輪を丸カンに通す。

メタルパーツを引っくり返し、中央にガラスを置いて四方の飾りを指で折り曲げてガラスをおさえる。

ヘッド部分完成。

ヘッドにナイロンコートワイヤーを通し、ネックレス部分を作る

ヘッドの輪にナイロンコートワイヤーを通し、輪の中にリバーストーン（小）を通す。輪の両脇にシェル系ビーズとボーンビーズを通し、さらに小さいチェコビーズを通す。最後に両脇をつぶし玉で固定する（作業はp.35参照）。

後は、左右のバランスを見ながら、アトランダムに両側から各種ビーズを通していく。

ワイヤーの端はボールチップとつぶし玉で留める（作業はp.14〜16参照）。最後に留め金具（カニカンと板ダルマ）を丸カンを使って留めつける。

銀地の葉模様玉 &
クリアの葉模様玉

葉模様玉と手作りビーズを作る

銀箔を巻き上に透明ガラスをかけた下玉に、シンプルな黒の葉模様のある玉です。銀と黒の組み合わせは上品できれいですので、好みの模様でチャレンジしてみてください。ほかに対になる銀を使わない小玉と手作りビーズもご紹介します。

使用ガラスおよび材料
上：黒（ソーダガラス）・細引き
中：透明ガラスに黒の線をのせて引いた細引き
　　（銀地の葉模様玉に使用）
下：透明ガラス（鉛ガラス）
★：銀箔（銀地の葉模様玉に使用）
※手作りビーズに使うガラスはp.52参照。

使用工具
・左官ゴテ　・引っかき用ニードル
・芯棒：銀の玉3mm　透明な玉1.2mm

銀地の葉模様玉

直径25mm

ポイント 銀箔を中に巻いた下玉作りがポイント。通常の丸い玉と異なり、平べったい下玉に銀箔を巻き、銀を散らさずにきれいな玉に仕上げるのは時間のかかる難しい作業になる。温度などにも注意しながら時間をかけて少しずつ形を作っていくこと。

下玉を作る

透明ガラスでベースの玉の形を作る

透明ガラスをたっぷり熔かし、一気に巻きとる。足りない部分にはガラスを足し、長めの玉にする。

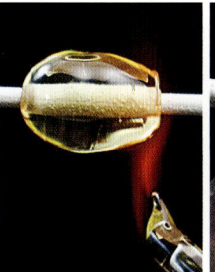

巻き取った玉をコテに当てて平らにし、角もなめらかにする。

下玉の平べったい形ができたら、炎であぶってコテ跡を消す。

ポイント 玉にしたガラスを平らにする時は、片面ずつコテに当てて何度かに分けてつぶしていく。一気につぶすと歪（ひずみ）が出るので注意すること。

ベースとなる透明ガラスの玉に銀箔を巻きつける

デニム地の布を数枚重ねるなど、少し弾力のあるものの上に銀箔を置き、あたためた下玉でおさえながら手早く巻きとる（銀箔は薄箔の場合3枚位巻いてもよい）。

コテの上で玉をころがして浮いている銀箔をおさえる。両側の口もコテできちんとおさえて、全体にすき間なく銀箔をはりつける。

49

スキがけする

下玉と同じ位の分量の透明ガラスをたっぷり熔かす。玉は炎の上の方で予熱しておく。

透明ガラスを下玉に一気に巻き、コテで真ん中からおさえながら左右にのばしていく。

両端の足りない部分には透明ガラスを足す。

中のガラスは固めを維持し、表面の透明ガラスだけをあたためる感じであぶりながら、時間をかけてコテを使って形を整えていく。銀を散らさないように注意。

下玉が完成。

> **ポイント　下玉作り**
> 地の玉に銀箔をはりつけ、透明ガラスをのせた後は、あぶって表面の透明ガラスだけをあたためながら、コテでおさえてガラスを動かし、あせらず時間をかけて形を作っていく。両側の口部分は特にしっかり炎を当て、コテでおさえて、銀の地玉と透明ガラスをきちんと熔着する。時々、角度を変えて回し、玉全体をあぶりながら作業する。

模様を描く

茎の線を描く

透明ガラスの上に黒いガラスの線をのせて引いた細引きを使って、茎となる線を描く。

まず細引きの先端をあたため、玉につけた後は炎で細引きのみあたためながら線をのせていく。

さらに玉の両面と側面の葉を描きたい部分に線を数本のせる。

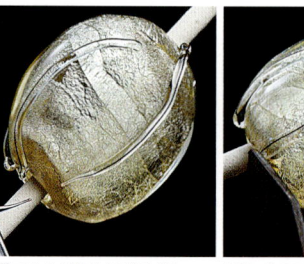

線を全てのせたら、まず線の両端をコテでおさえる。

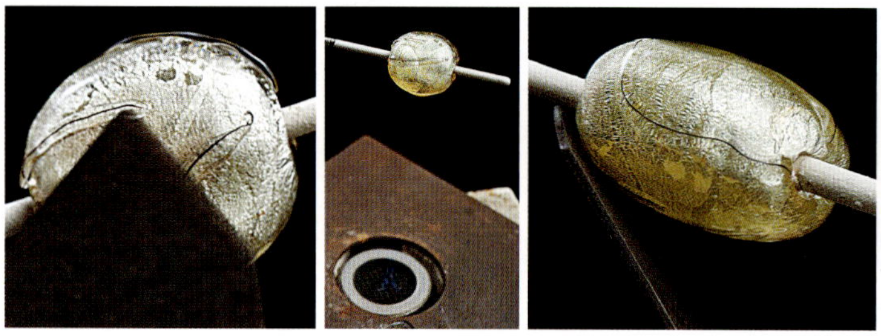

さらに線全体をコテでおさえながらしっかりなじませていく。

線をなじませた状態。

> **ポイント　茎の線に使う細引き**
> 線を細く均一に描くため、透明ガラス（鉛ガラス）の上に黒（ソーダガラス）の線をのせて引いた細引きを作って茎を描く。
> 同じ細引きは葉模様が出来上がった後で余白に線模様を描いていく際にも使用する。

大きい葉のための点を入れる

黒い細引きを使い、茎の線の先端と両側に大きめの点を7個打つ。玉の反対側の面にも同様に7個打つ。

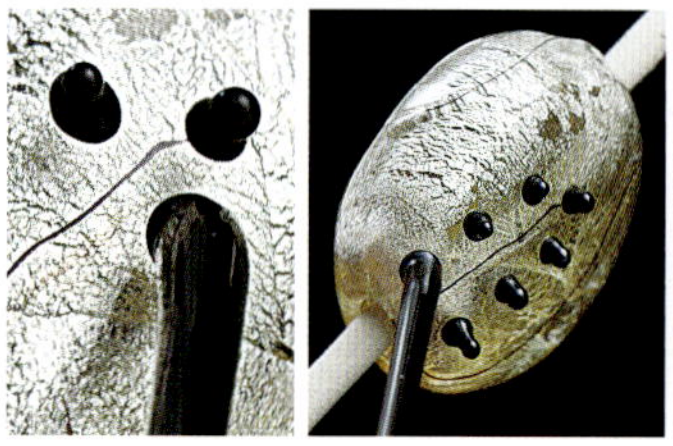

最初に線の先端に1個打ち、あとは線の両側に6個の点を打つ。

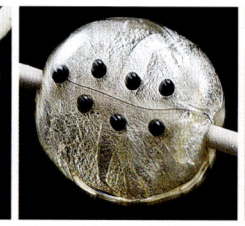

反対側の面にも、同様に茎の線に合わせて7個点を打つ。

片面ずつ点をあぶり、コテで1つずつ点をおさえてつぶしていく。

ポイント 引っかく順序

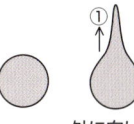

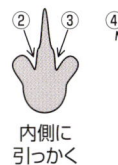

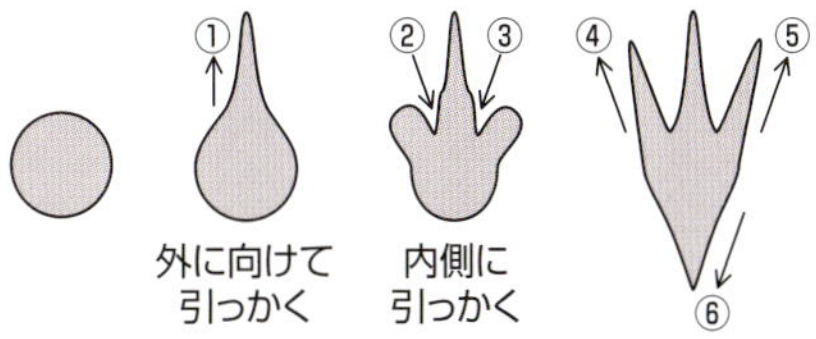

① 外に向けて引っかく
②③ 内側に引っかく
④⑤⑥

- 引っかく時は、引っかく点の表面だけを軽くあぶり、柔かい状態で引っかく（点を熔かしすぎないように注意）。地玉は固めの状態を保つこと。
- 点をあたためたら炎から少しはずし、目と水平の位置に持ってきて引っかき作業を行う。
- 工具の先は軽くあぶり、ガラスがついてくる位の熱さにしてから引っかく（真っ赤にする必要はない）。引っかき終えたら、ガラスを熱するのではなく工具の先をあたためる感じで炎を当てながら抜くとガラスがくっついてこない。
- 時々、玉全体をあたためることを忘れないように。

点をあたためて引っかいたらニードルの先に炎を当てながら抜く。

点を引っかいて大きい葉の形を作る

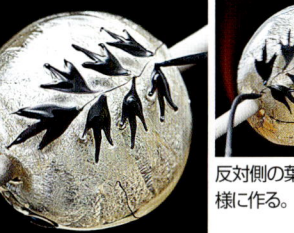

片側の大きな葉模様完成。

反対側の葉模様も同様に作る。

小さい葉の点を打ち、引っかいて葉模様にする

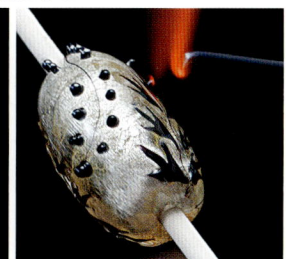

最初に引いた茎の線にそって先端と両側に小さな葉の点を打っていく。

点を打ち終えたら、あぶってコテでつぶしていく。

全ての点をつぶし終えたら、全体をあぶる。

つぶした点をまず茎側に向けて引っかく。

余白に線模様を描く

次に外側に向けて引っかき、枝を1本ずつ仕上げていく。

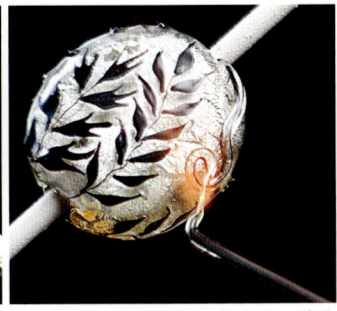

2種類の葉模様が完成したら、透明ガラスに黒い線をのせて引いた細引きで、余白にバランスを考えながら線模様を入れていく。

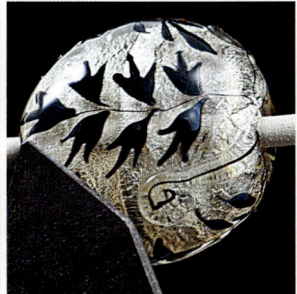

全ての線を引き終えたら、コテで整えながら線模様をなじませていく。

最後にコテの上で軽く全体を整え、炎の上の方で均一にあたためて完成。

クリアの葉模様玉

左右14mm

ポイント 銀を巻いた大玉の葉模様と対になるデザイン。こちらは茎の線を入れず葉だけで表現し、下玉が透明なので模様は片面のみ。なお、強い炎を使うと黒が銀化することがあるので注意すること。

■下玉を作る

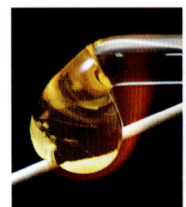

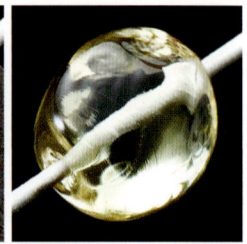

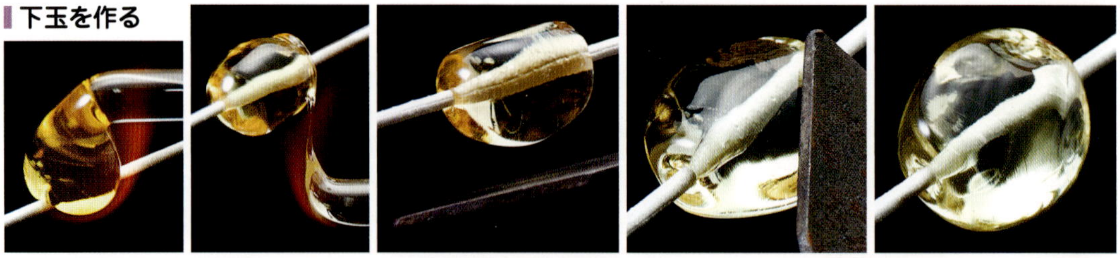

熔かした透明ガラスを巻きとる。

仕上がりはきれいな丸にしないので、中心をとったら丸く焼き込まず、すぐにコテで面をとるようにおさえて大雑把な形を作る。最終的な形は葉模様をつけてから作っていく。

■葉の模様を入れる

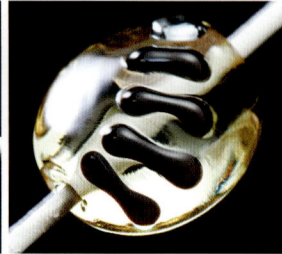

黒の細引きで、写真のように、先端に大きめの点をひとつ、その下に両端が小さな点になった線を数本引く。模様をつけるのは片面のみ。コテで軽くおさえながらなじませる。

先端の点から始めて、下に引いた線の中央を玉の端まで引っかいていく。

次に各先端を外側に向けて引っかき尖らせて葉模様を作る。

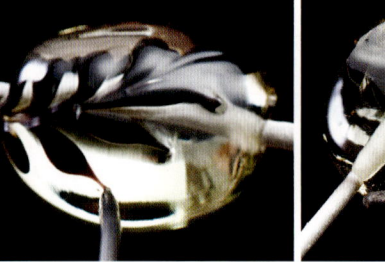

コテでおさえて面とりしていき、自然石のような感じの玉にする。

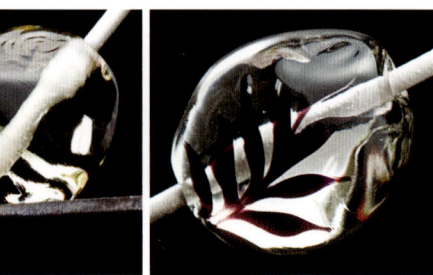

炎であぶってコテ跡を消して完成。

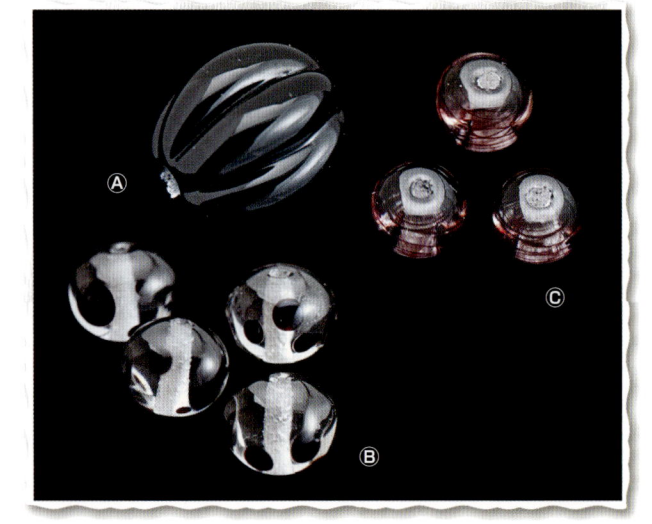

透明と黒の手作りビーズ3種

銀地の葉模様玉を使ったネックレスに合わせて、透明と黒を基調にした大きさ・模様の異なる手作りビーズを用意しました。また、レース棒を巻いて作ったビーズ(Ⓒ)のように、黒はうすまるとシックな紫色となり味わいがあります。
メインにする玉に合わせていろいろチャレンジしてみてください。

Ⓐ溝入りの黒ビーズ(左右9mm) Ⓑ黒い水玉のクリアビーズ(直径6〜7mm) Ⓒレース棒を巻いて作る紫色の線が流れるビーズ(直径7〜9mm)

使用ガラス

上：透明ガラス(鉛ガラス) 中：黒・細引き(ソーダガラス)
下：レース棒
ここで使ったレース棒は、透明ガラスで丸い長めの地玉を作り、図の位置に黒い線をのせてねじりながらのばしたもの(図参照)。

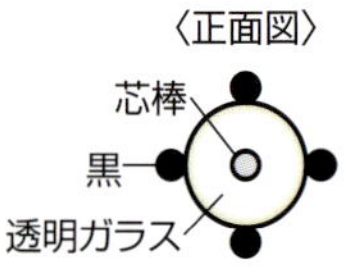

〈正面図〉 芯棒／黒／透明ガラス

使用工具

- カッターナイフ(溝入りの黒ビーズのみ)
- 芯棒：3種とも1.2mm

溝入りの黒ビーズ（Ⓐ）

ポイント 1度切れ目を入れたらその都度、玉全体をあたため、ガラスが軟らかくなったところで、また次の切れ目を入れる。切れ目を入れる時は、炎の外で作業すること。

黒の細引きを巻きとり炎で丸くする。

炎の外に出し、カッターナイフで縦に切れ目を入れていく。

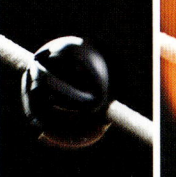

次の作業にかかる前に、全体をあたためる。

縦に切れ目を入れると同時に、左右の口元にも必ず切れ目を入れる。

全体をあぶって完成。

黒い水玉のクリアビーズ（Ⓑ）

ポイント 点ははっきりとわかるように大きさに大小をつけて打つ。点を打つ位置については、そろえずにアトランダムに打った方がおもしろい。点を打ったらコテでおさえず自然な感じに熔かしてなじませる。
なお小さな玉（直径7mm位まで）は一度にいくつか作ることができるが、大きめのもの（9mm位）については1度に1個ずつ作る方が割れが出にくい。

透明ガラスを熔かし、ひと巻きで巻きとる。

炎で丸くしたら黒の細引きでアトランダムに点を打っていく。点は大小をつける。

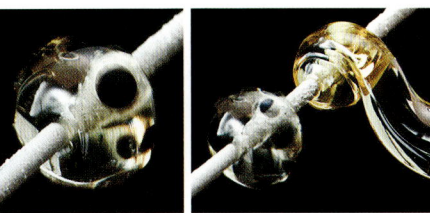

1つ作り終えたら、次の透明ガラスを巻きとり点を打っていく。最後に軽くあぶる。

紫色の線が流れるビーズ（Ⓒ）——レース棒を利用して作る

ポイント レース棒を巻きとって小玉にすると、さまざまな線模様のビーズができる。なお、レース棒はきれいに巻いたものより失敗したレース棒や使った後の残りのレース棒の方がおもしろい模様ができるので、ぜひ試してみてください。

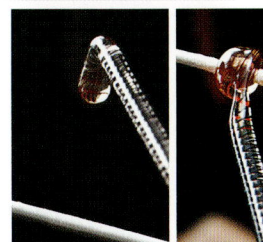

レース棒を熔かし、くるりと巻きとって回しながら形を整える。

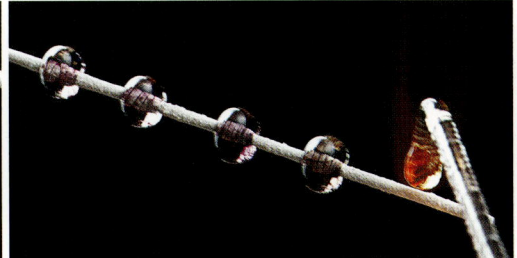

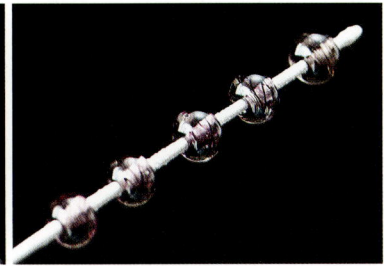

同様にして1つずつ形を作りながら、1本の芯棒にいくつかのビーズを作る。最後に軽くあぶる。

銀地の葉模様ネックレス＆クリアの葉模様ブレスレットを作る

メインの銀箔入りの玉に手作りビーズも加え、シックな銀と黒でまとめたネックレスを作ります。
また、ブレスレットは玉以外全て銀製品を使用していますので、銀箔入りの葉模様玉のネックレスとセットで楽しめます。

銀地の葉模様ネックレスの材料

黒ビーズ(4mm)
黒いチェコシードビーズ
シルバービーズを通した丸カン(大)
丸カン(大)
メガネ留めした玉パーツ
ヒキワ
溝入りの黒ビーズ(手作り)
シルバーカラーTOHOビーズ
黒い水玉のクリアビーズ(手作り)
紫色の線が流れるビーズ(手作り)

★ヘッドの輪の中に小ビーズを入れる。

用意するもの

①留め金具の引っかける側(カニカン、丸カン、つぶし玉2個、ボールチップ) ②留め金具の受け側(板ダルマ、丸カン、つぶし玉2個、ボールチップ)
③つぶし玉2個(ヘッド固定用) ④ナイロンコートワイヤー
⑤黒ビーズ(4mm) ⑥⑦⑧手作りビーズ(作り方p.52、53) ⑨銀地の葉模様玉 ⑩シルバーカラーTOHOビーズ
⑪黒いチェコシードビーズ(極小)
⑫穴うめ用プラスチックビーズ(3mm) ⑬Tピン

使用工具

・片丸ヤットコ ・平ヤットコ ・石留めヤットコ
・ニッパー

クリアの葉模様ブレスレットの材料

用意するもの

①クリアの葉模様玉 ②民族風シルバービーズ(純銀製)
③丸カン(大。純銀製) ④銀線
⑤留め金具(全て純銀製。ヒキワ、丸カン〈大〉、丸カン〈小〉)

使用工具

・片丸ヤットコ ・平ヤットコ ・石留めヤットコ
・ニッパー

銀地の葉模様ネックレス

■ヘッド部分を作る

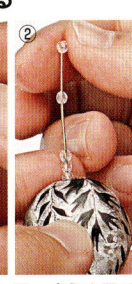

①②Tピンに黒ビーズ、玉、穴うめ用プラスチックビーズの順で通す。
③さらに"黒い水玉のクリアビーズ"(手作り)を通し、Tピンの先を輪にして根元に2周半巻きつける(作業はp.10参照)。

■ヘッドを固定しネックレス部分を作る

④ヘッドの輪にワイヤーを通し、輪の中に黒いシードビーズを入れる。
⑤ヘッドの輪の隣に写真のように手作りビーズとビーズを入れ、黒チェコシードビーズを両脇に通した後でつぶし玉で留める。なお、手作りビーズなどは左右対称でなく、バランスを見ながら好みのものを選ぶ(つぶし玉の作業はp.35参照)。

⑤ 黒チェコシードビーズ / 手作りビーズ / シルバーカラーTOHOビーズ

つぶした後の余分なつぶし玉の下側をニッパーで切る。

模様のバランスを見ながら、黒チェコシードビーズの両脇に手作りビーズを通し、つぶし玉を穴の中に隠す。

全体のバランスを考えながらアトランダムに手作りビーズとビーズを通していき、好みの長さにする。

■ナイロンコートワイヤーの端の処理と留め金具つけ

ボールチップの先に丸カンを通し、留め金具(カニカンと板ダルマ)を留める。

ボールチップでワイヤーの両端を留める(作業はp.14〜16参照)。

クリアの葉模様ブレスレット

■玉でメガネ留めのパーツを作る

①②③④まず銀線の先を輪にして根元に2周半巻きつけ、余分な銀線を切っておさえる。
⑤⑥次にこの銀線に玉を通し、先端も同じ形の輪にして根元に巻きつけ(作業はp.10参照)、メガネ留めのパーツを作る。

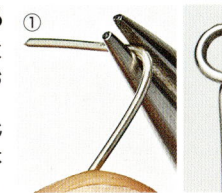

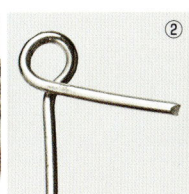

■玉のパーツをつなぎ合わせる

純銀製丸カン(大)にシルバービーズを通す。

メガネ留めパーツを通す。

シルバービーズをもう1つ通す。

続けてメガネ留めパーツをもう1つ通し、丸カンを閉じる。

同様にして、7つのメガネ留めのパーツを、メタルビーズで飾った丸カンでつないでいく。

■留め金具をつける

留め金具は引っかける側はヒキワ、受け側は丸カン(大)を使用。ヒキワはシルバービーズで飾った丸カン(大)につなぎ、受け側の丸カン(大)は丸カン(小)を使ってメガネ留めパーツとつなぐ。

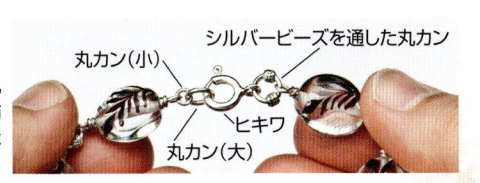

シルバービーズを通した丸カン / 丸カン(小) / ヒキワ / 丸カン(大)

55

玉の直径：14mm

玉の天地：30mm

玉の天地：16mm

〈参考作品〉
玉（頭から尾の先まで）：40mm

銀の熔変シリーズ
サル玉 & 削り玉

銀熔変模様の玉を作る

ベージュ、アイヴォリなどのガラスに銀箔を巻いて高温で加熱すると、銀熔着の過程で玉の表面がさまざまな銀の熔変模様のある独特な色に変わります。その特徴を生かして、親子ザルの玉と、ハンドルーターで削って作る削り玉を作ります。

使用ガラスおよび材料

親子ザル玉：右写真（全て佐竹ガラス）。上から順に
- 濃茶色（鉛ガラス） ・ベージュ（ソーダガラス）
- 黄（ソーダガラス）・細引き
- 黒（ソーダガラス）・細引き

削り玉：モレッティガラスのアイヴォリ
※ほかに銀箔。

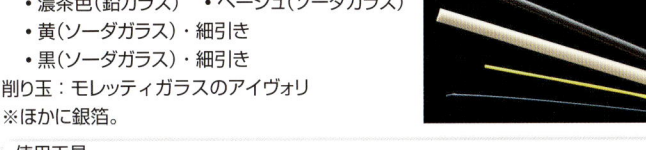

使用工具

親子ザル玉：・ピンセット ・左官ゴテ ・スパチュラ ・カッターナイフ ・ヤスリ
削り玉：・彫金用ハンドルーターとダイヤモンドビット

親子ザル玉

天地30mm

本作業では、銀の熔変模様を生かした親子ザルの玉を作ります。
完成後も玉全体を連続した模様にするため、本体部分については、最初のガラスに各部分を別々に熔着して形を作る方法ではなく、ひとつの塊（玉）からガラスを動かして形を作っていく方法で成形します（しっぽのみ別に熔着）。
なお、作業にあたり、銀の熔変玉は銀が表面を覆っているため表面が固く、他のガラスを熔着しにくいということも、この技法で作る理由のひとつです。

■あらかじめ、後で本体に熔着するしっぽを作っておく

ベージュ色のガラスを熔かし、コテの上を転がして長めの玉にする。

ガラスをあたため、二重に折った銀箔の上をころがして巻きつける（p.49参照）。

コテで整えながら、バーナー口近くの高温の炎であぶって熔かしていく。

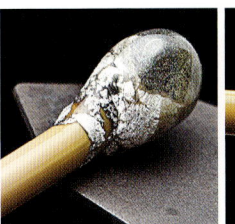

よく焼いた玉をピンセットでつまんで太めに引っぱり（長さ10cm位）、切り離して冷ましておく。

■銀熔変の下玉から基本的な本体の形を作る

> **ポイント**
> - 熔変模様は最初の銀熔変の下玉作りで決まるので、下玉は色や模様を見ながら好みの段階で加熱を止める。
> - 次の成形作業では、玉にまずガイドにする溝を入れ、作る形に合わせて溝のどちらかに表面のガラスをずらして寄せていくことで形を作っていく。
> - 成形作業中は中のガラスは固い状態にし、表面だけ熱を加えてガラスを動かしていく。
> - 以降、工具でふれながらの作業が続くので、作業の区切りには温度を均一にするため全体をあたためてから次に進むことを忘れないように。

完成時のサル玉の全体の様子

Ⓐ：正面　　Ⓑ：背面　　Ⓒ：正面から見て右側面（子ザル側）　　Ⓓ：同左側面（親ザル背中側）

本作業は下玉からガラスを動かしながら形を作っていく技法のため、各部位の熔着で形を作る技法に比べて、本体部分の作業手順がわかりにくいところがあります。そこで、どの面の作業をしているのかわかるように、以下の作業解説の写真にⒶ～Ⓓで作業の位置を表示しましたので参考にしてください。

また、どこの面から溝を入れて形を作っていけばより効率的に作業できるかは、作っている部分により異なりますので、最終的な形を常に頭において、無理なく効率的に作業を進めてください。

銀熔変玉を作る

ベージュ色のガラスをたっぷり熔かし、一気に巻きとる。足りない所にはガラスを足して形を整える。

2つ折りにした銀箔の上をころがして巻きとり、さらにコテでころがしてはりつける。

ピンセットで口側の余分な銀箔をとり、すき間のある所には銀箔をはりつける。

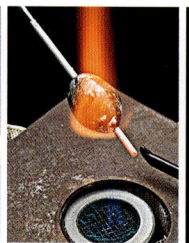

バーナー口の高温の炎であぶり、表面の銀箔が熔け、中にも熱が入ってたれてくる位まで熔かす。途中コテを当てて冷ましながらさらに熔かし進める。

銀の熔変模様を見ながら好みの色と模様のところで熔かすのをやめ、コテでおさえながらベースの形を作る（全体に軟らかくなっているのですぐ形ができる）。

下玉から本体の形を作っていく

まず工具を使って溝を入れ、あぶってコテやスパチュラでガラスを動かし、細かく形を作っていく。
あせらずにゆっくり少しずつガラスを動かしながら望む形に持っていく。時々全体をあたためながら進めること。

〈親ザルの腕を作る〉

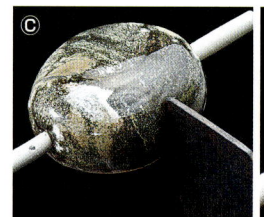

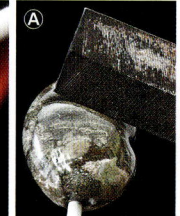

Ⓒ まずコテで右側面Ⓒに親ザルの右腕の上の溝を入れる。

Ⓐ ヤスリで正面Ⓐに©の溝の続き（親ザルの右腕の上の溝）を入れる。

Ⓑ ヤスリで背面Ⓑに親ザルの左腕の上の溝を入れる。

正面Ⓐに親ザルの右腕の下の溝を入れ、ガラスを寄せる。

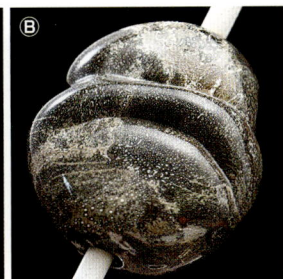

背面Ⓑにも親ザルの左腕の下の溝を入れ腕の形を作る。

正面Ⓐの右腕の下の溝の続きを入れ、下側のガラスも少し動かす。〈右側面Ⓒ〉

左側面Ⓓには親ザルの頭と背中・肩ができる。

親ザルの左腕の先を作る。〈正面Ⓐ〉

子ザルの頭に回す親ザルの右腕の先を作る（左上）。左腕も形をはっきり作っていく。〈背面Ⓑ〉

親ザルの左腕の溝を入れる。〈右側面Ⓒ〉

背中から見た親ザルの腕のつけ根の線を入れ、形を整える。

〈子ザルの頭を作る〉

まず右側面Ⓒで親ザルの頭と子ザルの頭を分離する。

Ⓒの続きで背面Ⓑにも子ザルの頭を作る。

正面Ⓐの子ザルの頭も整える。

ⒶⒸの位置から見た姿。

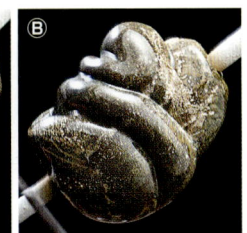

背面Ⓑから見た親ザルと子ザルの様子。

本体の形完成

大筋の形ができたら、ガラスを少しずつ動かしながら細部を整えていき、しっぽを除いた本体の形を作り上げる。後は細かい部分を修正しながら、顔面など各部分をつけ加えていく。

Ⓐ：正面 　　Ⓑ：背面 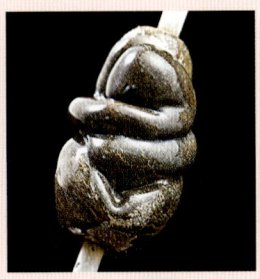　　Ⓒ：右側面 　　Ⓓ：左側面

顔部分、手、しっぽを加える
目の回りの肉、鼻と口のベースをつける

濃茶色の細引きで親ザルの目の回りのベースにする点を打ち、コテでおさえる。

鼻と口のベースをつけ、コテで整える。

子ザルも同様に作る。

59

親ザルの手（指）と、子ザルの腕と手をつける

親ザルの左手（指）をつける部分のガラスを下に寄せる。	まず親ザルの指4本をつける。	4本の指をスパチュラで寄せて形を整える。	最後に残った小指1本を足す。	スパチュラで手と手首部分を整える。

しっぽを熔着する

同様の作業で背面Ⓑの子ザルの頭にも、親ザルの右手（指）をのせる。

次に該当個所をあたため、ピンセットでつまんで、親ザルの頭の後ろに子ザルの腕を作る。

子ザルの腕の先に手を丸く点でつける。

しっぽをつける部分を少し焼いて、ピンセットでガラスを少し引っぱり出す。

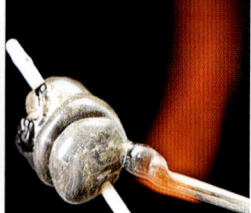

ピンセットで引き出したしっぽの根元に、あらかじめ作っておいたしっぽ用の細引きを熔着し、炎を当てながらガラスをためていく。熔着個所は特に念入りになじませる。最後に一気に引っぱって必要な長さを残して焼き切る。

全体をあたためる。

目、口、耳を作る

2mmの芯棒で突いて目のくぼみを作る。

黄色の細引きでくぼみから飛び出す位の分量の点を打つ。

あたためてからコテで目の点を押し込む。

ポイント
顔部分のベースの濃茶色は鉛ガラス、黄色はソーダガラスなので、目の黄色はそのままの形できれいな形に押し込むことができる。

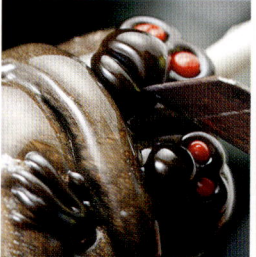

カッターナイフで口を作り、さらに口の両端を上げる。続いてスパチュラであごが下がりすぎないように持ち上げたり、細かく修正しながら口のまわりの形を作る。

黒の細引きで黒目の点を打つ。 　黒目の点をコテでおさえる。 　スパチュラの先で鼻の穴を作る。 　濃茶の細引きで耳の点を打つ。 　耳をピンセットでつまんで縦長にする。

しっぽの形を完成させる

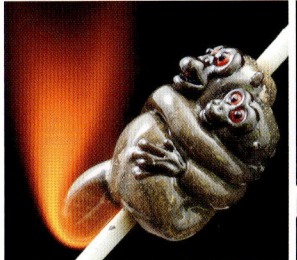

あらためて、先に熔着しておいたしっぽのガラスをあたためる。 　まずまっすぐ細長く引っぱる。 　全体をあたため、コテで横に動かす。 　続いてピンセットとコテでしっぽを前に動かす。本体にはくっつけず添わせる程度で完成とする（本体にくっつけると、そこからひびが入ることがあるため）。

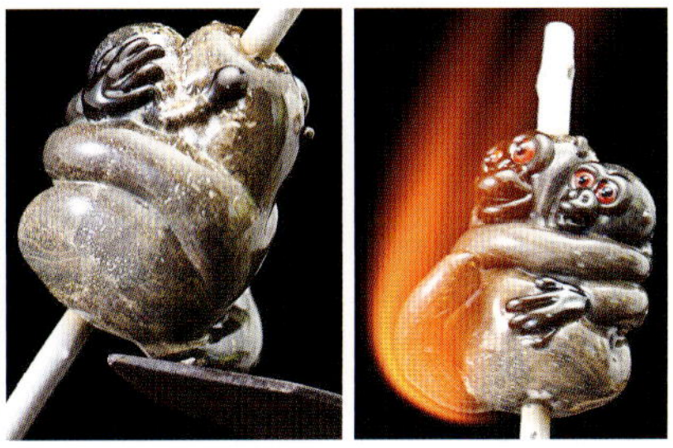

最後に全体を軽くあたためて完成。

銀熔変模様の削り玉

ここでは、熔変した下玉をハンドルーター（以下、ルーター）で削って模様を描きます。先端工具はダイヤモンドビットを使用します。下玉が柔らかいガラスだと削った角が欠けやすいので、下玉にはモレッティガラスのアイヴォリを使用します。本作業では渦巻き模様ですが、好みの模様を考えてチャレンジしてみてください。

直径14mm

ポイント
- 削り作業は、同じ線の上を短いストロークで行ったり来たり、何度か削りをくり返しながら進める。
- ルーターのビットの最先端を玉に直角に当てるとすべってうまく削れないので、ビットは先端の腹の部分を当てて削るようにする。
- 本作業では下描きなしで削っていくが、下描きをするときは油性ペンを使い、描いた線の上を削っていく。残った線は除光液などでふきとる。
- 削り作業を行う際は必ずマスクを着用すること。風通しの良い屋外で作業してもよい。
- 玉に水を軽くつけながら削ると削った粉が飛ばない。
- 一般の電動工具のハンドルーターは振動が激しく手首を痛めやすいので、彫金用ルーターがおすすめ。

渦巻き模様の削り玉の手順

親子ザルの玉と同じ手順で銀の熔変玉を作る。徐冷後、芯棒をはずして削り作業に入る。 　玉をしっかり持ち、ルーターを持つ手の指も使って玉を固定しながら削る。 　ダイヤモンドビットは先端の腹部分を当てて削る。 　まず大きな渦巻きをいくつか作っておいて、すき間に別の渦巻きを入れていく。 　最後に余白は渦巻きにそった流れの線で埋める。

親子ザルと削り玉の2連ネックレス＆サルのバッグチャームを作る

サルの玉自体に重さと大きさがあるので、ネックレス部分に小さいビーズを使う場合は2連にするというように、全体のバランスを見ながら、素材探しやデザインなどを楽しんで作ってください。

ネックレス図の説明

- 丸カン
- ボールチップ
- カニカンと板ダルマ
- 赤ビーズ（着色白サンゴ）
- 黒ビーズ（スワロフスキー小〈4mm〉）
- ★ヘッドの輪の中に小ビーズを入れる（ここでは、輪内に納まる大きさのつぶし玉で代用）。また、ネックレスのビーズが小さいため、ここではヘッドの輪の両脇をつぶし玉で留める必要はない。
- 黒のスワロフスキー・ビンテージビーズ
- ※ⒶⒷⒸⒹⒺⒻは本文(p.63)と対応。

バッグチャーム図の説明

- 鈴
- 丸カン
- カニカン
- 丸カン
- 最後につける鈴
- メタルの輪　ヘッドを通すリング。チェーン全体とヘッドをつなぐ要になっており、留め金具のカニカンの受け側の役割もする。
- 残りもののチェーンなど、種類がちがうものをあえていろいろ使う。

親子ザルと削り玉の2連ネックレスの材料

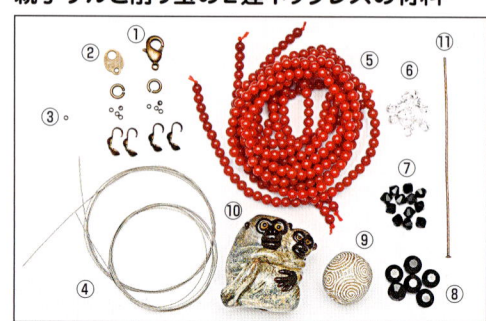

用意するもの

①留め金具の引っかける側（カニカン、丸カン、つぶし玉4個、ボールチップ2個）　②留め金具の受け側（板ダルマ、丸カン、つぶし玉4個、ボールチップ2個）　③ヘッドの輪に入れるつぶし玉　④ナイロンコートワイヤー　⑤赤ビーズ（着色白サンゴ）　⑥穴うめ用プラスチックビーズ（3mm）　⑦黒ビーズ（スワロフスキービーズ小〈4mm〉）　⑧黒のスワロフスキー・ビンテージビーズ（6mm）　⑨削り玉　⑩親子ザル玉　⑪Tピン（5mm、長さ65mm）

使用工具

・平ヤットコ　・石留めヤットコ　・ニッパー

サルのバッグチャームの材料

用意するもの

①9ピン　②③④飾り用のチェーン　⑤メタルパーツ（座金）　⑥しずく形のチェコカットビーズ（金蒸着）　⑦Tピン　⑧鈴　⑨楕円型のチェコカットビーズ（金蒸着）　⑩丸カン　⑪9ピン　⑫メタルパーツ（座金）　⑬留め金具の引っかける側（カニカン、丸カン）　⑭メタルの輪　⑮丸カン　⑯本体に使う長いチェーン　⑰サル玉
※ほかに穴うめ用プラスチックビーズ。

使用工具

・平ヤットコ　・石留めヤットコ　・ニッパー

親子ザルと削り玉の2連ネックレス

親子ザル玉を組む Ⓐ

Tピンにまずスワロフスキー・ヴィンテージ黒ビーズを通し、次にサル玉を通す。上から穴うめ用プラスチックビーズを入れる。

続けて黒ビーズを入れ、Tピンの先を輪にし根元に3周半巻く(作業はp.10参照)。ヘッド部分完成。

ヘッドの輪にナイロンコートワイヤー(以下、ワイヤー)を通し、両脇に黒ビーズを通す。輪の中に入れる小ビーズ(つぶし玉で代用)も通しておく。

バランスを見ながら、赤と黒のビーズを左右対称にワイヤーに通していく。

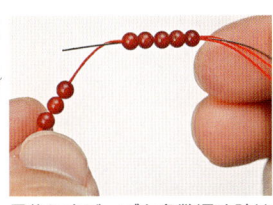

最後に赤ビーズを多数通す時は購入時の糸に通った状態のままワイヤーを通し、最後に糸を抜く方法が便利。

削り玉を組む Ⓑ

①ワイヤーを削り玉に直接通し、穴うめ用プラスチックビーズを入れる。②玉の両脇に黒ビーズを通す。③バランスを見ながら赤、黒ビーズを足していく(左右対称)。

ワイヤーの端の処理と留め金具

①ⒶⒷ2本のワイヤーにビーズを通し終えた状態。②ⒶⒷのワイヤーの先端をそれぞれボールチップで留め(作業p.14〜16参照)、丸カンにⒶⒷを通す。③ⒶⒷを通した丸カンに留め金具(カニカンと板ダルマ)をそれぞれつける。

サルのバッグチャーム
作業の説明の中のⒶ〜Ⓕは前頁の写真と対応。

ヘッド飾りⒶを作る

Tピンにしずく形のチェコカットビーズと座金を通し、玉を通す。続いて穴うめ用ビーズと楕円形のチェコカットビーズを入れる。

Tピンの先を輪にし、根元に2周半巻き(p.10参照)、ヘッド飾りⒶ完成。

本体チェーンの途中に入れる飾りパーツⒷを作る

9ピンの先を大きく開き、飾り用のチェーンを入れる。9ピンを閉じて、上から座金を通してかぶせる。

座金の上に9ピンで輪を作り、根元に2周半巻く。

本体のチェーン部分を作る Ⓔ(Ⓒ+Ⓓ)

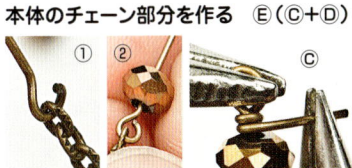

①9ピンの先を開き、本体のチェーンの端を入れて閉じる。②③その上から楕円形のチェコカットビーズを通して上を輪にし2周半巻く。

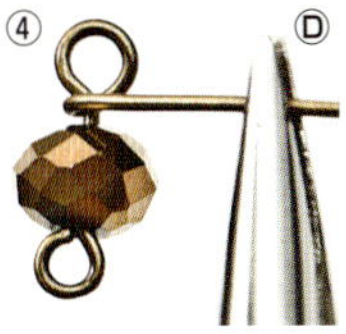

④新たに楕円形のチェコカットビーズに9ピンを通し、輪にして2周半巻き、パーツを作る。

丸カンにⒸⒹと鈴を通して閉じる。さらにⒹの先端に丸カンを通す。本体チェーン部分Ⓔ完成。

本体チェーンⒺとヘッド飾りⒶをメタルの輪でつなぐ

このメタルの輪が、チェーン先端の留め金具・カニカンの受け側にもなる。

メタルの輪を開き本体チェーンⒺとヘッド飾りⒶを通して閉じる。

本体チェーンⒺの途中に飾りパーツⒷを入れる

本体チェーンⒺの途中を切る。

丸カンに飾りパーツⒷを通し、切ったチェーンの両端2本もつなぐ。飾りの鈴もつけて大筋の本体出来上がり。

本体チェーンの先(●)に留め金具・カニカンをつける

①9ピンを開け、本体チェーンの先を通して閉じる。②続いて楕円形のチェコカットビーズを通し、9ピンの先端を輪にし2周半巻く。③丸カンに②の輪とカニカンを通して閉じる。

最後に、メタルの輪に丸カンで飾りの鈴をつけて完成。

63

真鍮線の先に作った
小さな花たちの
リースブローチ

〈参考作品〉
ハト、葉、バラの花、木の実は手作りガラスです（佐竹ガラス使用）。すき間はシードビーズで埋めてあります。
ブローチ左右：50mm

シャワー金具用 花・葉パーツを作る

アクセサリーに仕立てる際、そのままシャワー金具に固定できる真鍮線を用いてガラスの花や葉を作ります。

使用ガラスおよび材料

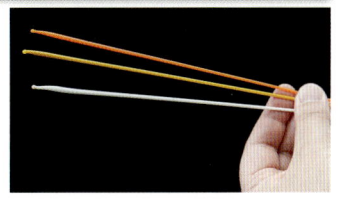

上：オレンジ・細引き
中：黄・細引き
下：アイヴォリ・細引き
※上、中、下は全てモレッティガラス。
　ほかに葉のための緑色の混色棒の素
　材：佐竹ガラス（鉛ガラス）。

【使用ガラスについて】
軽量化と小物類の作業のしやすさから、花とつぼみはモレッティガラス（細引き）を使用。また、葉のガラスはさまざまな緑色を混ぜた混色棒を使用し、素材は全て佐竹ガラスの鉛ガラスを使用（混色棒についてはp.67も参照）。

使用工具

- ピンセット（先端が細い）　・平ピンセット　・ニッパー

赤花：12mm

ガラスを巻きとるための真鍮線の固定

使用道具・工具

①真鍮線（0.5mm）　②ニッパー
③作業に使う真鍮線（④）を芯棒に固定するために使用する真鍮線
④作業でガラスを巻きとるための真鍮線
　（1つの作業を終えたら次々にくり出して使用できる）
⑤芯棒（3mm）

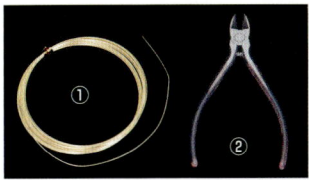

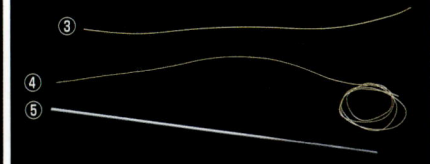

ガラスを巻きとるための真鍮線④を芯棒にそわせる。先端は芯棒より少しはみ出させる。

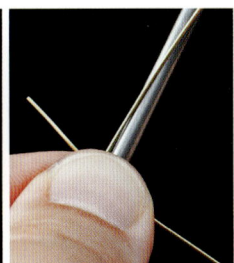

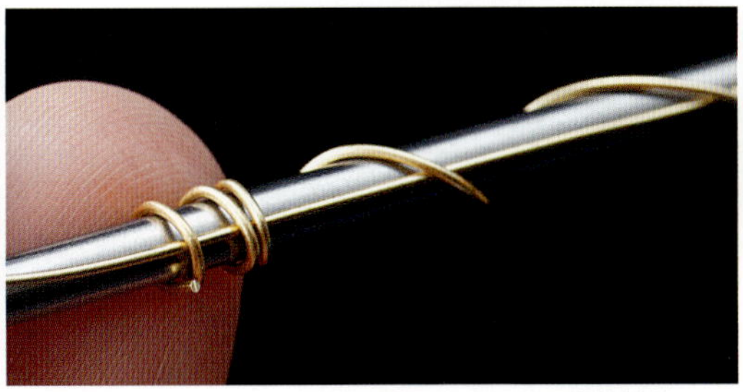

巻きつけて固定するための真鍮線③を使って、ガラスを巻きとるための真鍮線④を芯棒に固定していく。巻き始めは写真のようにきちんと巻きつける。但し、1つの作業を終えたら真鍮線④をくり出して、続けて次の作業に使っていくので、あまりきつく固定しすぎないように。

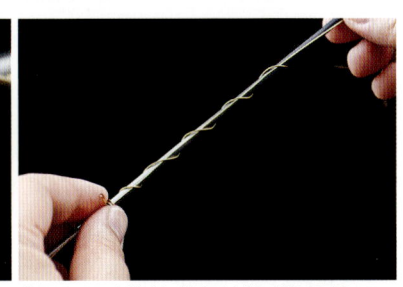

中間はゆるく斜めに巻き上げながら固定していく。ガラスを巻きとるための真鍮線はねじれて回転しないよう、芯棒にそわせてまっすぐに。

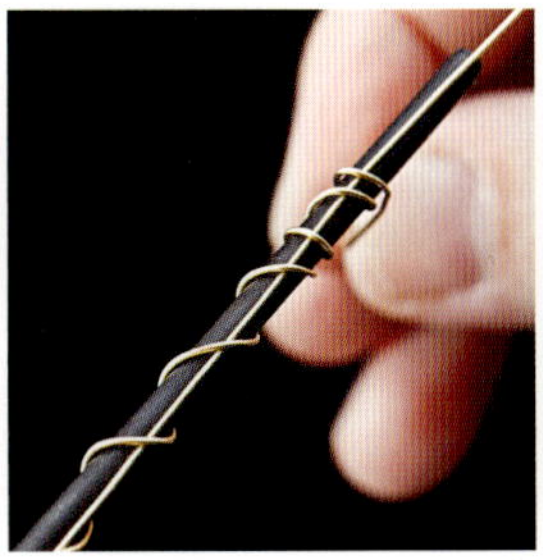

先端は真鍮線を芯棒より少し出し、きっちり巻いて固定する。但し巻き始め同様、あまりきつく固定しすぎないように。

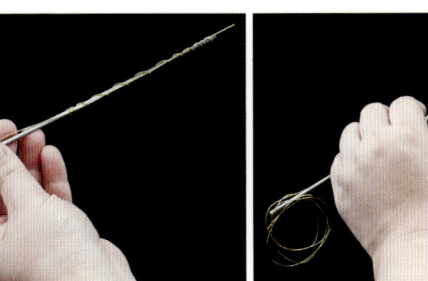

完成。

作業時はこのように持つ。

65

花とつぼみ

> **ポイント 真鍮線の扱い方**
> 真鍮線が冷めているとガラスがつかないため、作業の最初は真鍮線を少しあたためる。但し強い炎が当たると熔けて切れてしまうので、作業中は直接真鍮線に炎がかからないようにする。

■4弁の白花を作る

白の細引きを熔かし、真鍮線も少しあたためる。

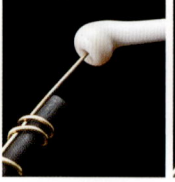

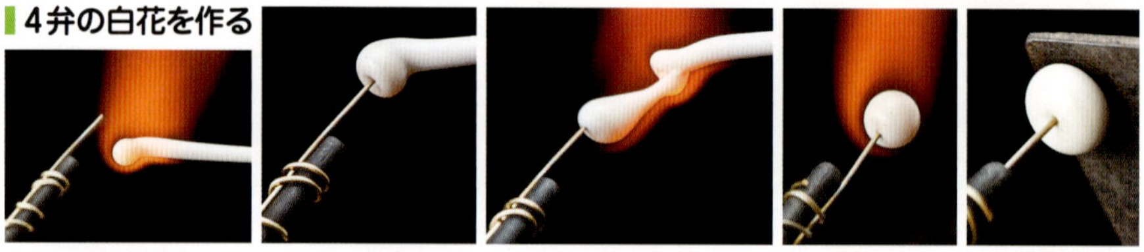

この後、ガラスをコテで少しつぶすため、玉に深く真鍮線が入りすぎないようにする。

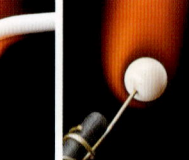

巻きとったガラスを炎で丸くする。

コテで軽くつぶす。

玉の側面に花弁にする点を4個打っていく。

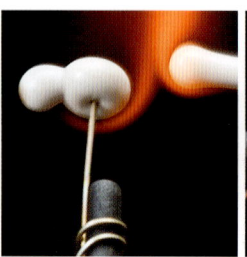

全体を軽くなじませる(真鍮線に直接炎を当てないように)。

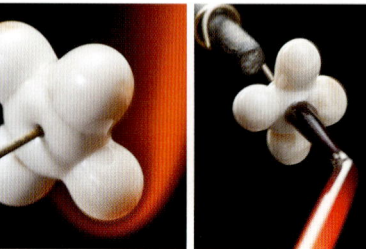

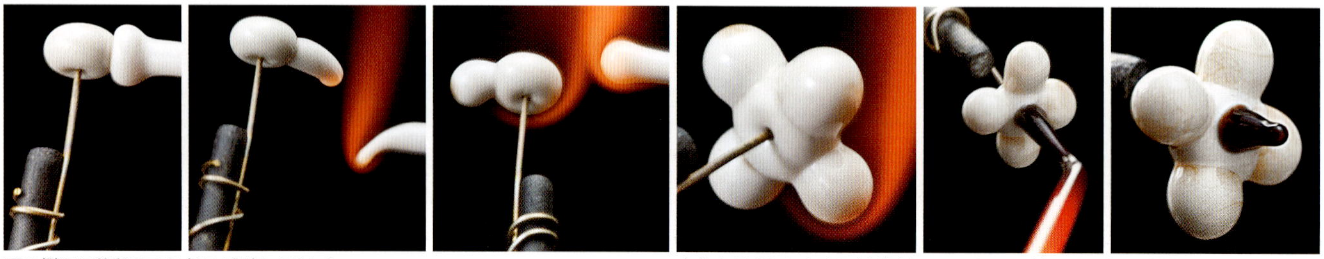

オレンジ色の細引きで花芯の点を打つ(先端が尖った形になるように焼き切る)。

花弁を1つずつあたため、先の細いピンセットで花弁の中央をつまんで線を入れ、花弁を内側に傾ける。
全ての花びらに同様の作業をし終えたら、全体を軽くあぶって完成。

最後にピンセットで必要な長さの真鍮線を引っぱり出し、ニッパーでカットする(徐冷は不要)。

■6弁のオレンジ色の花を作る

オレンジ色の細引きで白花と同様の玉を作る。

コテでつぶす。

オレンジ色の細引きで、白花の時よりも小さな点を6個打つ(花びら)。

黄色の細引きで、中央に小さな点を6個打つ。

点の位置をピンセットで整える(雄しべ)。

黄色の細引きで、小さな点の中央に、雌しべとなる少し大きめの点を打つ。

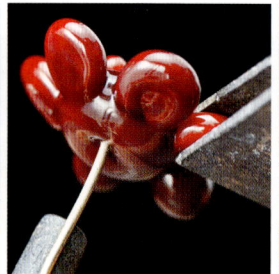

全体をあぶりながら花弁を平ピンセットでつぶし、平らにうすくして内側に傾ける。

この後軽くあぶり、白花と同様に真鍮線を引き出して必要な長さに切る。そのまま冷まして完成(徐冷不要)。

つぼみを作る

真鍮線の先に玉を作る。

作る花と同じ色のガラスを使ってセットで作る。

同じガラスを玉の先につけてのばす。

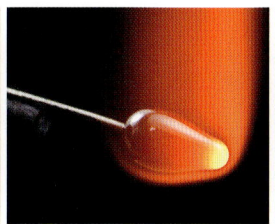

炎で形を整えて完成。

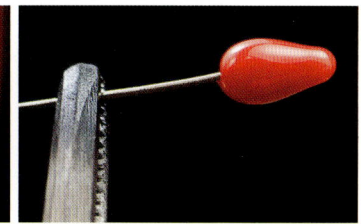

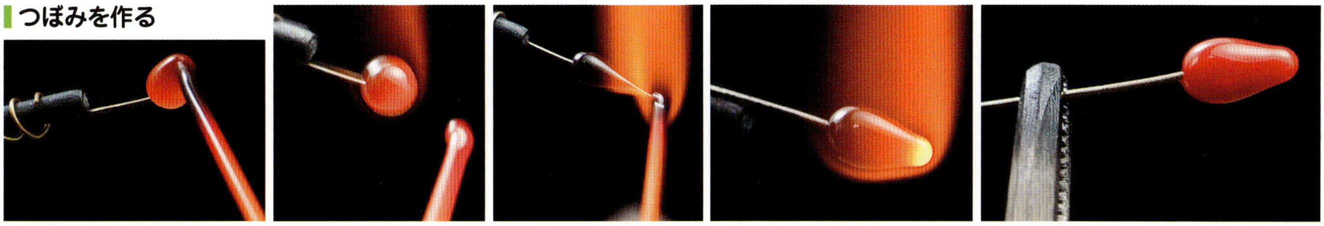

白花と同様の作業で真鍮線を引き出して、ニッパーで切ってそのまま冷ます。

葉

ポイント 葉は緑色の混色棒で作る。混色棒を作る際に使うさまざまな緑色のガラス（鉛ガラス：佐竹ガラス）は、他の作業で残ったものや破片、割れたものなど、色が合えば何でも使うことができる。但しソーダガラスを混ぜると黒くなったり、発色が悪くなるので使わないこと。混色棒を作る際は、まず大きなものを熔かし次に小さなものや細かいものをくっつけて熔かしていく。部分的に元の色が残る程度に熔かしあわせた状態で太め（直径5mm）に引いて混色棒にする。

葉に使う緑色の混色ガラスの棒を作る

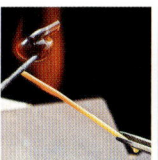

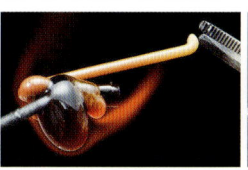

緑系のガラスを予熱しながら芯棒を焼く。

まず、大きいガラスからあたためて芯棒につける。あぶって熔かしながら上に小さなガラスをどんどんつけていく。

全てのガラスを熔かしつけた状態。さらに炎の中で熔かし合わせる。

先端をピンセットでつまんで軽くねじる。

折り返してたたむ。

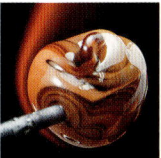

熔かしてマーブル模様の玉にしていく。

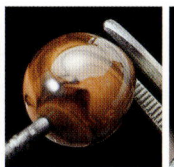

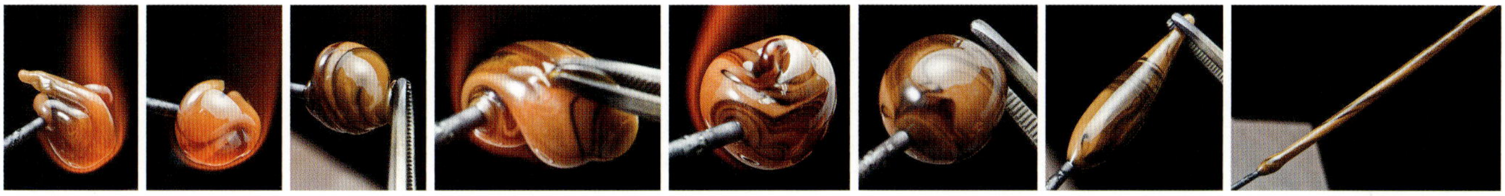

マーブル模様の玉ができたら、ピンセットで引っぱり、直径5mm程の混色棒を作る（各部分で色の出方がちがう状態がベスト）。

葉を作る

混色棒をたっぷり熔かす。

少しあたためた真鍮線に熔かした混色ガラスをつけ、少し巻いて模様を流しつつ巻きとる。

炎で丸くする。

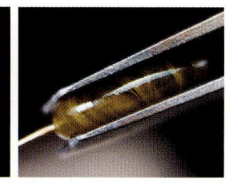

平ピンセットではさんで平らにする。

あぶって先の細いピンセットで真ん中をはさみ、筋をつける。

葉の半分の表裏をあぶって、ピンセットではさむ。

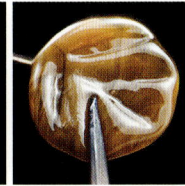

残りの半分も表裏をあぶってピンセットではさむ。

表裏全体を軽くあたため、ピンセットで先端をひっぱり尖らせる。

全体を軽くなじませる。最後に花と同様の作業で真鍮線を引っぱり出し、ニッパーで切る。そのまま冷まして完成（徐冷不要）。

67

花のリースブローチを作る

細い真鍮線の先に作った花や葉のガラスパーツに市販のビーズも加えてシャワー金具に留めつけ、ブローチを作ります。

＊ガラスパーツなどは多めに用意する。

飾りTピン

軽量化のため、透かしビーズを使用。

＊すき間ができたらシードビーズで埋めてもよい。シードビーズを留める際はテグスを使う。

＊シャワー金具の穴が均等に空いているか、購入前に確認すること。

用意するもの
①ブローチ用シャワー金具
②飾りTピン（先に球がついている）
③オレンジ色（透明）のチェコカットビーズ
④金色の透かしビーズ
⑤花・つぼみ・葉のガラスパーツ（多めに用意する）
※ほかに接着剤：ウルトラ多用途SU（1液タイプ）。

使用工具
・平ヤットコ　・石留めヤットコ　・ニッパー

まず外側に向けて葉を配置していく。最初に2枚の葉をつける。

裏に通した葉の真鍮線2本をクロスさせ、まず指でねじって留める。

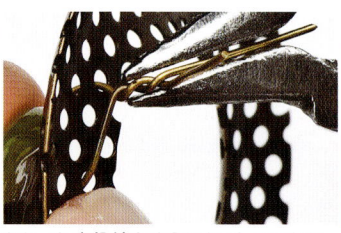

ねじった真鍮線をさらにヤットコでねじって固定する（この後もパーツ2本を穴に通すごとに真鍮線をねじって留めていく）。

葉の根元をかくすように花も入れる。

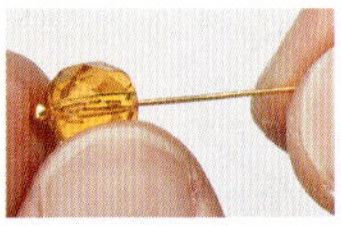

市販のビーズなどは飾りTピンに通してから使う。

途中、ねじった真鍮線がじゃまになる場合は、適宜、ニッパーで切りながら作業を進める。

バランスを見ながら各パーツを留めつける。

全体に留め終わったら、裏側の立っている真鍮線やTピンをヤットコで横に寝かせていく。

接着剤を真鍮線などのねじり部分にたっぷりのせる。

裏ブタの下側のツメ2つを内側に倒す。

接着剤が乾いたら、表側から正面を確認して、裏ブタの倒したツメを表側の金具に引っかけて合わせる。

まだパーツの位置は微調整可能なので、正面から見て整え直す。

裏ブタの上のツメをヤットコで表側におさえて完成。

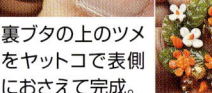

Step 3

パーツを作り さまざまな花を咲かせる

― 磯谷桂の世界 ―

自然界の花が無限のバリエーションで咲き誇るように、ガラス作品の中に描かれる花々も、作る人それぞれの心の中にある多様な花のイメージを映し出します。

ここでは、私の心に浮かぶいくつかの花をガラスで表現した花の玉をご紹介します。それぞれ作り方や構造が異なり、技法もさまざまですが、これらはまずパーツ作りからはじめていくつかの段階を経ながら組み立て、ガラス作品にしていくものです。

花の表現はさまざまですので、それぞれにあった表現方法を是非探してみてください。

―― 磯谷桂 ――

Step3で花のトンボ玉作りに使用する
ガラス、道具、工具など

ガラス

Step3で使用するソフトガラスは、kinari Cシリーズガラス（アルカリシリケートガラス〈ソーダ系ガラス〉、以下Cガラス）とkinari Bシリーズガラス（ソーダガラス、以下Bガラス）です。

透明ガラスはCガラスを使用し、色ガラスは使用する色によってCガラスとBガラスを使い分けています。

バーナー

ここで使用するエアバーナーはBWA-1A型（右写真。集中炎、使用ガス：プロパンガス）です。

ほかにバキューム技法を使ったインケーシング・ペンダントヘッド制作（p.97～101）において、パーツの組み立て・熔着の際に、集中炎のエアバーナーでも作業できますが、細くて強い炎が出せるガラス工芸用、彫金用などのハンドタイプのバーナーもあると便利です。

使用工具類

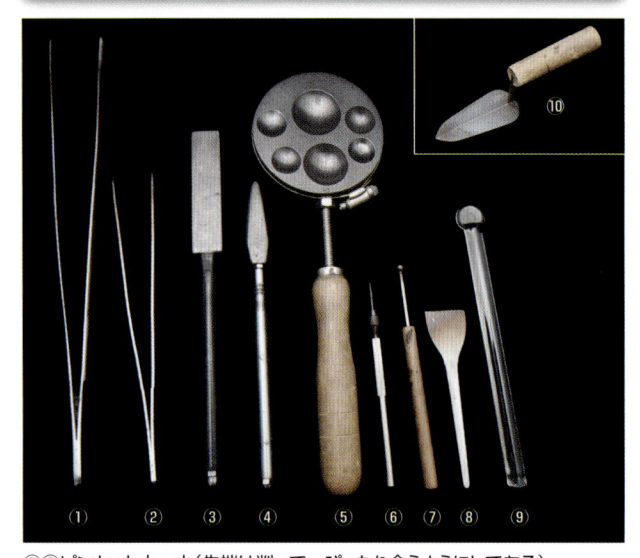

①②ピンセット大・小（先端は削って、ぴったり合うようにしてある）
③④カーボンパドル ⑤マーブルモールド ⑥タングステンピック
⑦ボールロッド ⑧ヘラ ⑨ガラスゴテ（手作り）：ボロシリケートガラス製（花玉制作で使用。パーツをおさえる際におさえたパーツの様子を外から見ることができるので便利）。 ⑩左官ゴテ

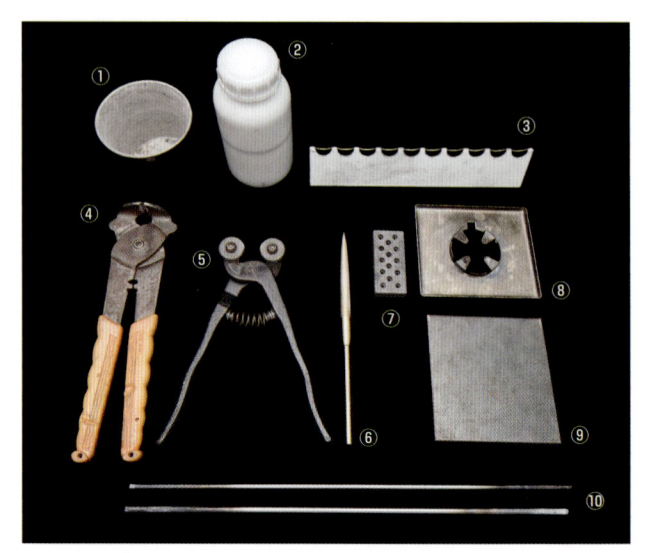

①ガラスクズ入れ ②離型剤：Step3ではkinari製使用（作る作品によっては他の離型剤も使用） ③ガラス棒置き台 ④くい切り
⑤ローラーニッパー ⑥ヤスリ（うすい板状パーツを傷つけてカットするため）
⑦パーツ置き台（先端が尖ったり丸いため直立しないパーツを、作業中つまみやすいように並べて置く台〈手作り、カーボン製〉）。右写真のように予熱台の上に置いてあたためながら使うこともできる。
⑧予熱台 ⑨鉄板
⑩芯棒（ステンレス）
　上：3mm　下：4mm

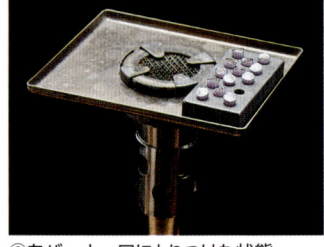

⑧をバーナー口にとりつけた状態。

徐冷

徐冷は徐冷剤または徐冷炉（電気炉）を使って行います。

Step3で作業を紹介した作品のように小形のものは、徐冷剤に埋めて徐冷することもできますが、電気炉を使う場合は、予め430℃に設定した炉の中に完成したガラスを入れ1時間キープした後、offにして室温まで冷まします（自然徐冷）。また、大形の作品などで電気炉徐冷を行う場合は、それぞれの形状に合わせてキープ時間を長くします（3時間～）。

①徐冷剤：グローブライト。
②Step3の作業で使用した徐冷炉：SHIROTA SUPER 100。ほかにペーパーウェートやマーブルなど大形のものはパラゴンキルンSC2を使用している。

花芯パーツを作る

パーツ作りの基本であり、また花作りには不可欠な花芯パーツを作ります。

使用ガラス	使用工具
上：透明ガラス（Cガラス〈C-1〉） 中：白（Cガラス〈C-2〉） 下：黄色（Bガラス） ※全てkinariガラス。	・ピンセット ・左官ゴテ ・ローラーニッパー ・鉄板 ・芯棒：3mm

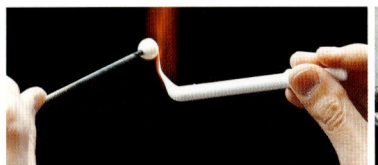

作る花に合わせてカットして使用。

白いガラスを芯棒に巻きとり、コテを使って円筒形にする。

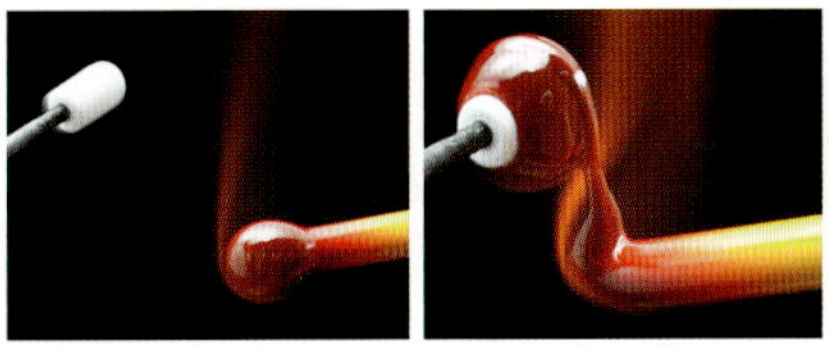

黄色のガラスを熔かし、その上に一気に巻く。

コテを使って円筒形に整える。

コテで芯棒側にも黄色のガラスをのばす。

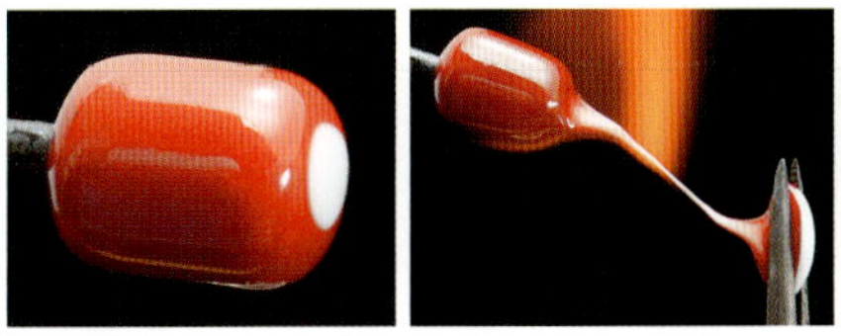

先端を熔かしてピンセットで何度かひっぱりとる（ここでガラス量の調節も行う）。

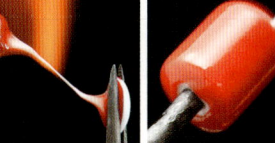

コテを使って円筒形にする（全て黄色でカバーされている状態）。

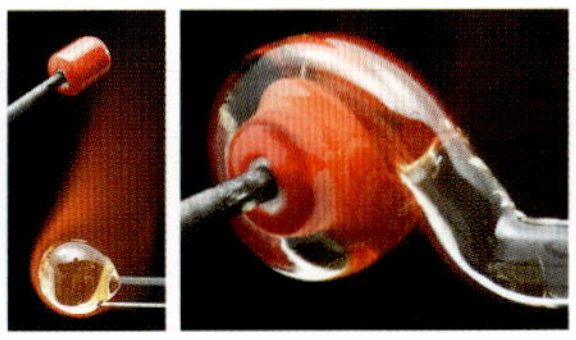

ガラスの3倍量位の透明ガラスを熔かし、一気に巻きとる。

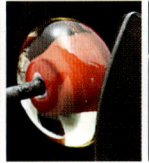

コテを使って、透明ガラスを先端と芯棒側にのばし形を整える。

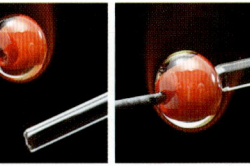

ポンテをつける。

まっすぐに引っぱる。

冷まして同じ長さにカットする。

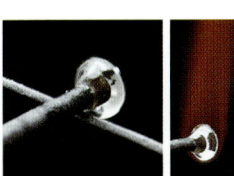

パーツ1本がのる位の大きさに透明ガラスでベースを作る。その上にパーツの底をあぶってつける。

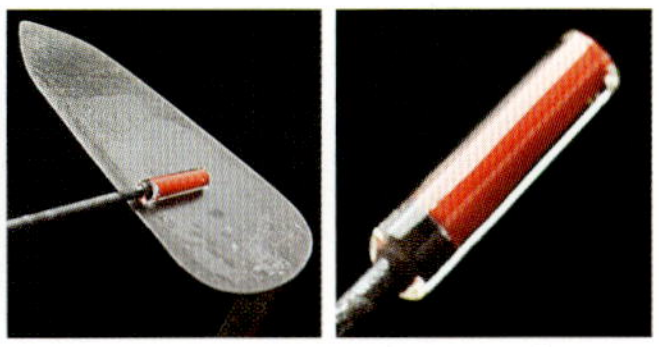

あぶってコテの上をころがし、パーツとベースを1本の棒状にする。

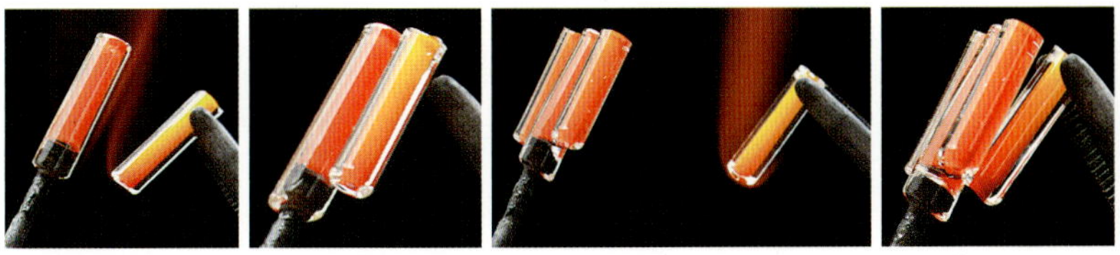

最初につけたパーツのまわりに切っておいたパーツをぐるりとつけていく。つけるパーツの下側を熔かし、芯棒側から中央のパーツにつけていく。

全てのパーツをつけ終えた状態。

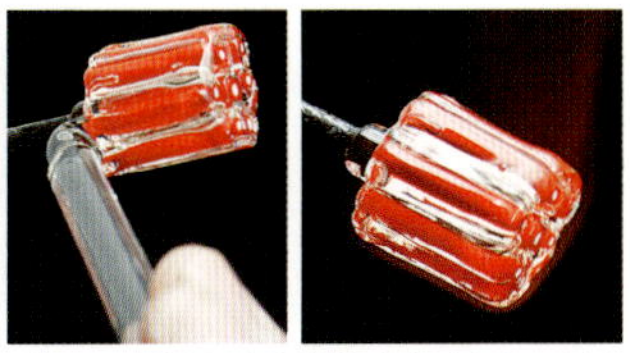

パーツの間のすき間を上から下へ向けて透明ガラスで埋めていく。

全体をあぶり、先端をピンセットでつまんで引っぱりとる。

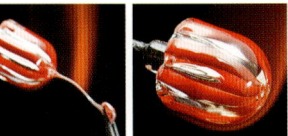

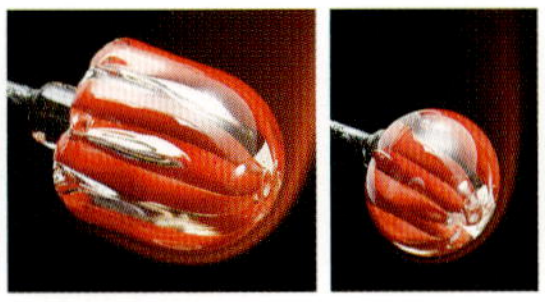

先端側を熔かしていくと、芯棒側から空気が抜け、形が丸くなっていく。

芯棒側にピンセットでガラスを寄せる。

あぶって先端を中央に寄せて何度か引っぱりとる。

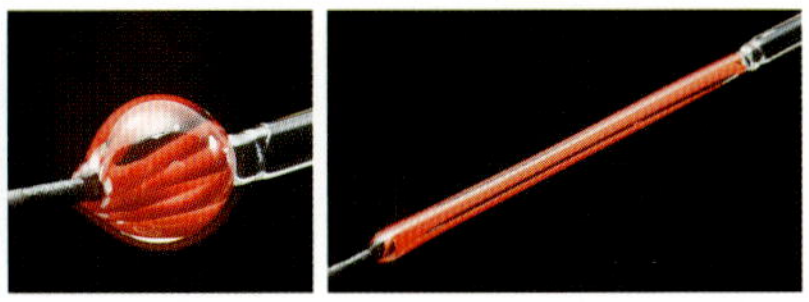

形を整えてポンテをつけ、炎の外で花芯ケーンを引く。

71

直径20mm

直径20mm

〈参考作品〉

流れに浮かぶ水中花玉 & 満開の花玉

流れに浮かぶ水中花玉を作る

流れをイメージした下玉に花と葉が浮かぶ水中花です。花のパーツは何段階かに分けてパーツを作り、最後に花に組み立てます。各段階における正確な作業が大切です。

使用工具

- ピンセット　・左官ゴテ　・鉄板　・予熱台　・パーツ置き台　・ヤスリ
- ローラーニッパー　・ヘラ

花のパーツを作る

使用ガラスおよび芯棒

上：白（Cガラス〈C-2〉）
中：透明ガラス（Cガラス〈C-1〉）
下：透明赤（Bガラス〈B-1〉）
ほかに、「花芯パーツ」（作り方：p.71）。
※全てkinariガラス。
　透明赤は常温では黄色がかっているが、加熱により赤くなる。
・芯棒：4mm

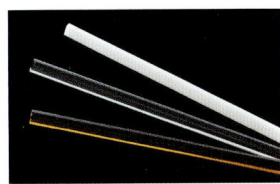

■外側の白い花びらのケーンを作る

熔かした透明ガラスを巻きとり、さらに炎を当てながら重ねて巻きとっていく。必要な量を巻きとったらコテの上でころがして円筒形にする。

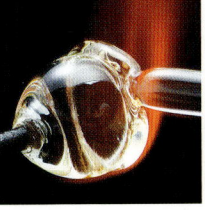

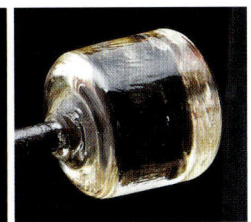

よく熔かし、鉄板の上にのせて、上からコテでつぶしながら形を作っていく（縦長のカマボコ形）。

先端と芯棒側および側面の平らな1面を残して、上から下に向けて白いガラスを塗る（図参照）。

コテやヘラでおさえながらあぶり、表面をなめらかにする。

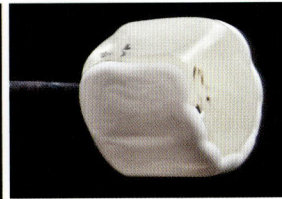

正面から見た図 
芯棒
白
この面は白いガラスを塗らない。

ポイント

白い花びらの筋について
押し込んで溝を入れた白の層を炎とコテでならすことで、表面の白は平らになる。しかし内側の透明部分には押し込んだ溝跡が残り、これが花びらの白い筋となる。

花びらの縁の形について
溝を入れる作業の順序には次の2種類があり、できた花びらの縁の形が異なる。
(1) ①白いガラスを塗ってならす。
　　②溝を入れる。
　　③上に透明ガラスを塗る。
(2) ①の後、②と③を逆にする。

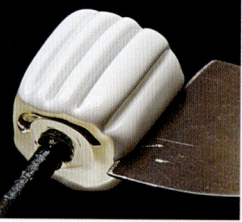

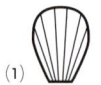

(1) なめらかな縁
(2) ギザギザの縁

あぶって白い部分をヘラで押し込み、不規則な幅に溝を入れる。

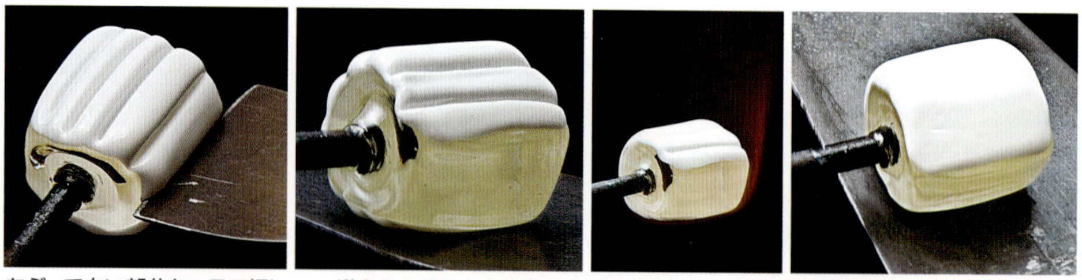

溝を入れ終えたら表面の白のみあたため、コテで白部分を平らにならす（温度が上がると白が透明部分に入り込むので、透明の面にはあまり熱を加えないこと）。

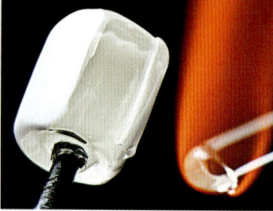

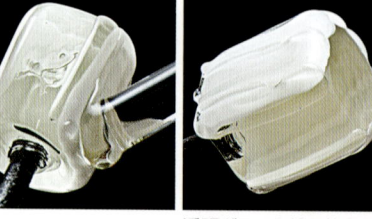

白の上に透明ガラスを塗る。

透明ガラスを塗り終えたら、なじませながらコテを使って表面をなめらかにする。

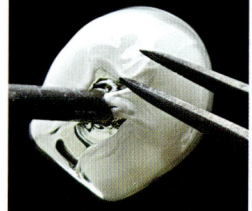

先端と芯棒側にコテやピンセットで白を動かし、透明の平らな1面を残して全体を白でカバーする。コテの縁を使って、ガラスを芯棒にしっかりつける。

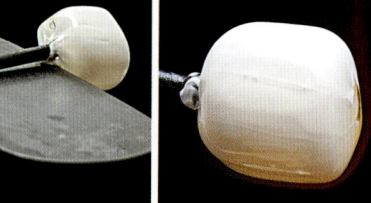

なじませる。

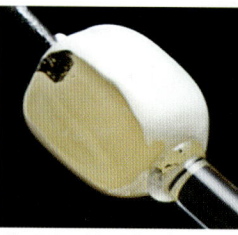

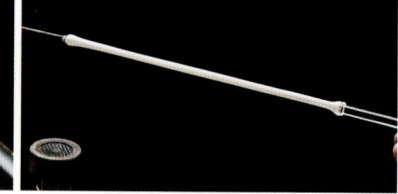

ポンテをつけて引っぱり、白い花びらのケーンが完成（白を塗らない1面は、角が丸くならないように、作業中も引っぱる時も平らな状態をキープすること）。

内側の赤い花びらのケーンを作る
（芯棒：3mm使用）

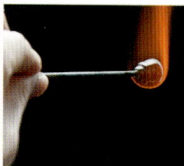

赤いガラスを巻きとり、コテを使って円筒形にする。

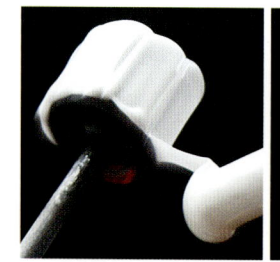

赤い円筒形の表面に、熔かした白いガラスを炎の外で半周分塗る。コテを使いながらなじませる。

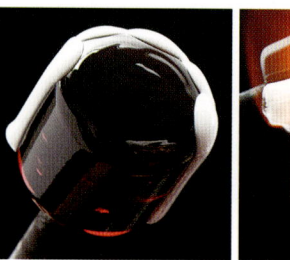

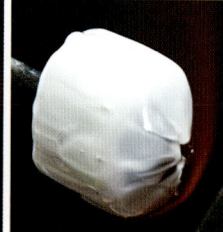

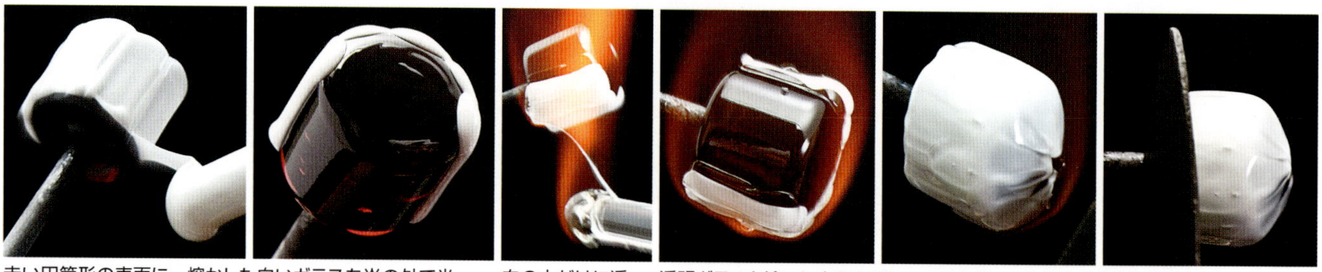

白の上だけに透明ガラスを塗る。

透明ガラスを塗った白をあぶり、コテを使って先端と芯棒側に白をのばしていく。

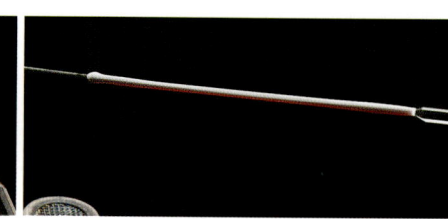

よく熔かし、形を整えてポンテをつけて引く。

花のパーツを組み立てる
（芯棒：4mm使用）

白と赤の花びらケーンを、ローラーニッパーで同じ長さにカットする。

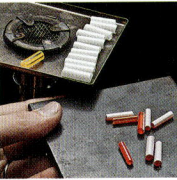

ベースを作り、花芯をつける

透明ガラスでパーツ1本分の大きさのベースを作る。

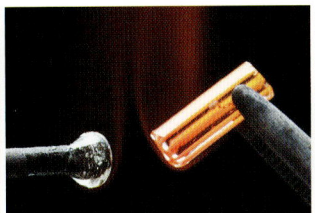

花芯パーツの底をあたためてベースにつける。

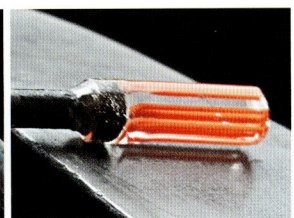

あぶってコテでころがして1本の棒状にする。

花芯に内側の赤の花びらパーツをつける

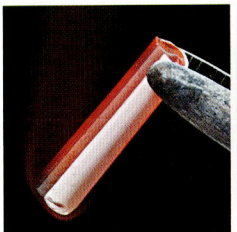

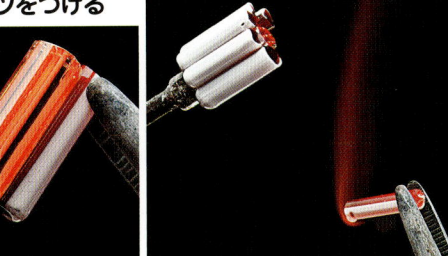

パーツの白をのせていない面を花芯に向けてつける。

パーツの下側を熱していったん芯棒側につけ、上から見て角度を微調整する。

赤の花びらパーツを1周つけ終わったら、コテで押さえて先端をそろえる。

透明ガラスを上から下に向けて塗り、花びらパーツの間の溝を埋める。

外側の白の花びらパーツをつける

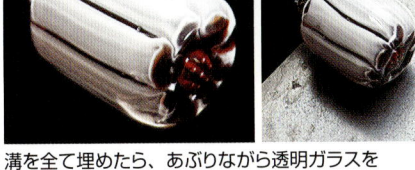

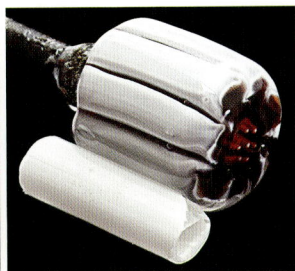

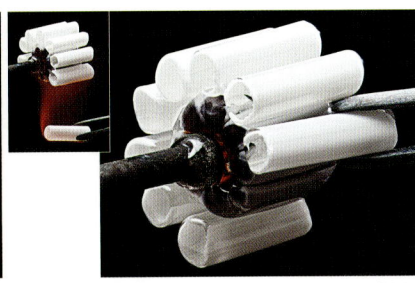

溝を全て埋めたら、あぶりながら透明ガラスを全体にまわす。

外側の花びらをのせる部分をあぶり、白の花びらパーツの白を塗っていない面をあぶって上にのせていく（内側の赤花びら同様、つけるのはパーツの透明な面）。

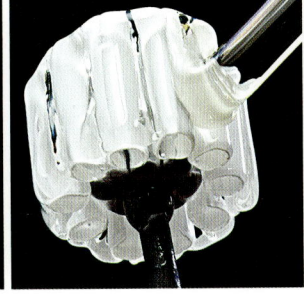

白の花びらパーツを全てのせ終わったら、まず、パーツ間の溝に透明ガラスをのせる。

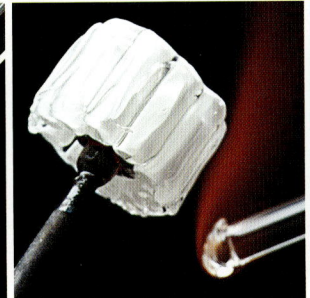

次にパーツの背中部分の白が出ているところに透明ガラスをのせる。

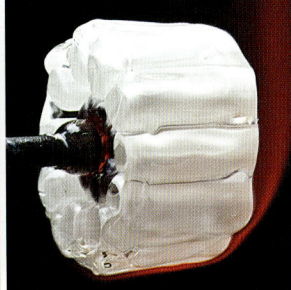

足りない部分に透明ガラスを足して、表面を平らにする。

最後に塗る透明ガラスは、完成した玉では花パーツの縁取りになる。厚さを均一にしっかりカバーすること。

75

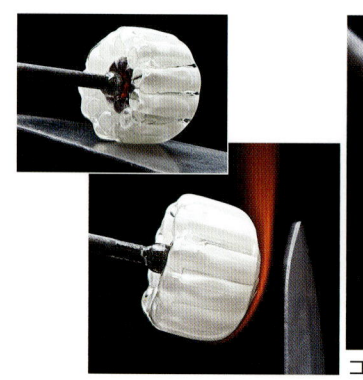

コテの上をころがしながらあぶる。コテで先端のガラスを中央に寄せながらあぶり、何度かピンセットで先端をつまんでとる。

■ なじませて引っぱる

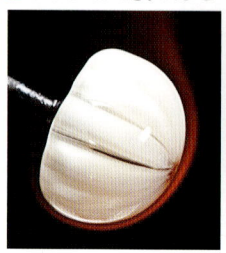

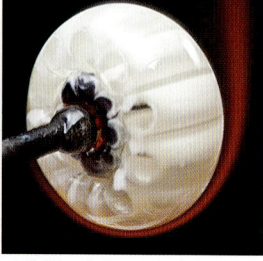

前半部分をあぶっていく（この作業で内部にある空気が芯棒側から抜けて全体が丸くなっていく）。

ピンセットでガラスを芯棒に寄せてつける。

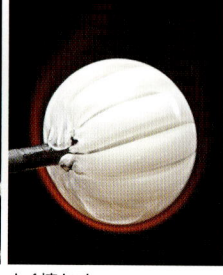

よく熔かす。

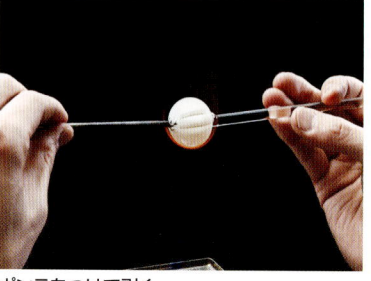

ポンテをつけて引く。

ケーンを作り終えたら芯棒側を焼き切る。

ケーンが冷める前にポンテをつける。

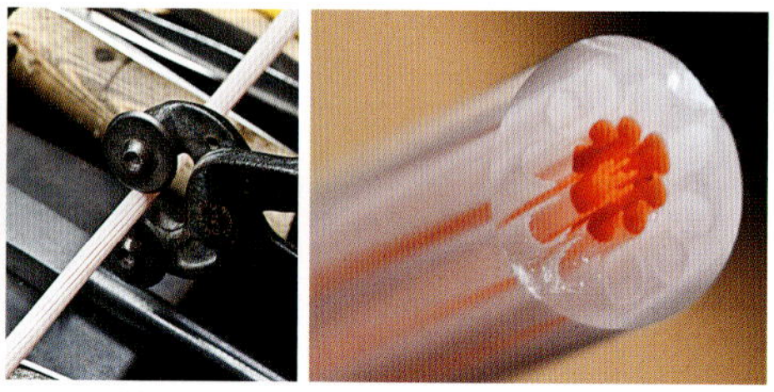

ケーンが冷めたらローラーニッパーで半分に切り、ポンテつきのケーンを2本作っておく。

次の作業で、カットして花のパーツの形を作っていく際に、ポンテつきのケーンが2本あると時間のロスを省けて便利。

■ 花のパーツの形を作る

花のケーンの先端を少し深い位置まであたため、一瞬、息を吹きかけて冷まして形をとめてから、先端にガラスをつけてゆっくり引っぱる。
ケーンの先端を尖らせて焼き切り、何度か先端を細く引きながら形を作る。

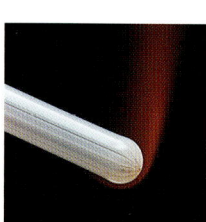

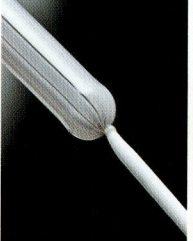

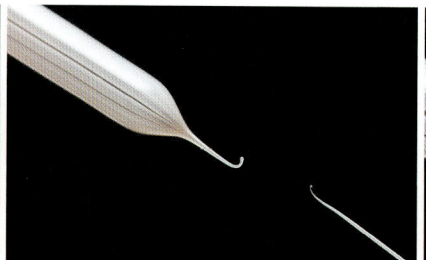

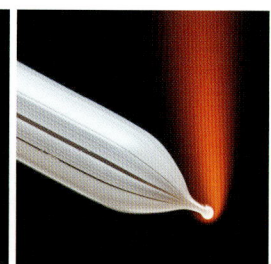

先端の形はシャープに尖らせず、少し丸みを帯びた形に尖らせる。

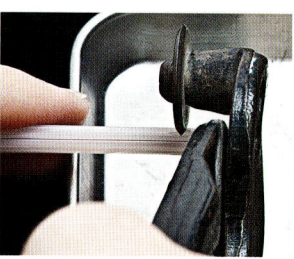

先端の形を作ったら、冷ましてローラーニッパーでカットする。先端の形を作ってからカットするまで、冷ます時間が必要になるため、花のケーンは2本用意しておいて交互に作業すると効率的。

葉のパーツを作る

使用ガラスおよび芯棒
上：透明緑（Cガラス）
中：白（Cガラス〈C-2〉）
下：黒（不透明。Bガラス〈B-22〉）
※全てkinariガラス。
・芯棒：3mm

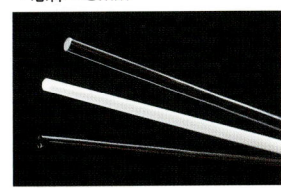

ポイント　葉の色と黒の細い線模様について
黒の下地に緑色を間隔をあけて山形に塗り、熔かし込んで平らにすると、緑の凸部分は沈み込み、その内側の黒は左右に動いてうすくなる。それによって緑の濃さに変化をつけると同時に葉に黒の筋をつけることができる。

葉のケーンを作る

白いガラスで円筒形を作り、上に黒いガラスをひと巻きする。

コテでならす。

上に緑色のガラスを、間隔をあけて山形に縦に1周塗る。

よく熔かし込んでから、コテの上をころがしなめらかな円筒形にする。

上にさらに緑色をひと巻きし、コテも使って均一にならす。芯棒側にものばす。

コテで先端をすぼめ、ピンセットで先端を引っぱりとる。

よく熔かしてコテでつぶす。

ポンテをつけて薄い板状のまま引っぱる。

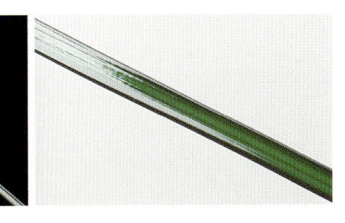

葉のパーツの形を作る

葉のケーンをヤスリでカットする。

切った葉のケーンの端をあたためてポンテをつける。

ポンテの反対側をあたためてガラス棒をつけて引っぱる。何度かくり返して思うような形に尖らせる。

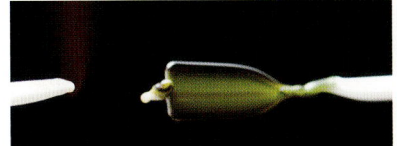

形ができたら尖った方にポンテをつけかえる。

反対側も同様にして尖らせて、葉の形にする。

最後にピンセットでつまんではずして、葉のパーツの完成。

水中花玉を作る

使用ガラスおよび芯棒
①乳白色（Cガラス）
②白（Cガラス〈C-2〉）
③透明ガラス（Cガラス〈C-1〉）
④銀練棒
⑤黒（Bガラス〈B-22〉）
⑥花のパーツ（作り方：p.73～76）
⑦葉のパーツ（作り方：p.77）
※①～⑦全てkinariガラス。
銀練棒：透明ガラスで円筒形を作り、銀箔を巻きつけて、練って引っぱり折りたたむをくり返して作る。加熱による銀の変色であめ色になっている。
・芯棒：4mm

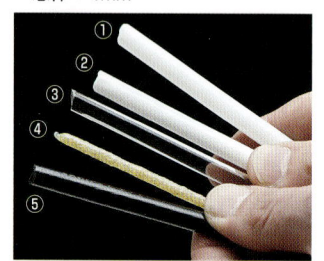

混色の下玉を作る

ガラス素材の中の透明ガラスを除く①②④⑤を熔かし合わせて下玉を作る。

黒いガラスで円筒形を作る。

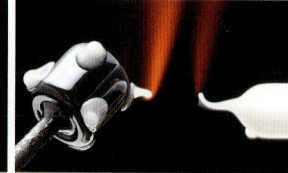

上に乳白色のガラスをアトランダムにつける。

さらに白の細引きでアトランダムに点をつけていく。

銀練棒で不規則な線をのせる。

よく熔かし、ピンセットで先端をつまみ、ねじる。

さらに先端をピンセットでつまんでのばし、芯棒側にくっつけてあぶる作業を何度か行う。

軽くねじる。

芯棒の根元をコテの縁でおさえてガラスをしっかりつける。

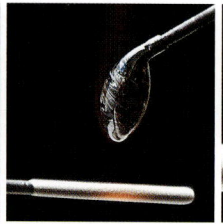

ピンセットで先端を尖らせ、熔かしてこのまま芯棒に巻きつける。

あぶって手前からコテでおさえる。

コテで両端をおさえ、ころがして短い円筒形にする。

少なめに透明ガラスを熔かして一気に巻きとり、左右の口側にもコテでのばす。

あぶりながらコテの上をころがして横長の円筒形にする。

葉と花のパーツを下玉にのせていく

葉のパーツをのせる

葉のパーツをピンセットでつまみ、パーツの先端から下玉につけてコテでおさえる。

花のパーツを入れる場所を前もって決めておき、次の葉のパーツをのせていく。

予定の枚数の葉をつけたら、葉の上に透明ガラスをのせる。但しこの後で花のパーツを置く個所の葉のつけ根にはガラスをのせない。

次に他の部分にも透明ガラスをのせ、ある程度玉全体が平らになるようにする。

上に2段目の葉のパーツをのせる。間に透明ガラスがあることで、最初の葉との距離感が出る。

2度めにのせた葉のパーツにも透明ガラスをのせる。

花のパーツをのせる

花のパーツをのせる部分をあぶり、花のパーツを置いて軽くおさえる。

花のパーツの頭をあたためて、透明ガラスをのせ、あぶる。

花のパーツをつぶす(手作りのボロシリケートガラス製工具使用)。

すぐにコテで透明ガラスの縁部分をベースにおしつけ、さらに全体をしっかりおさえる。花のパーツは3つ埋め込む。

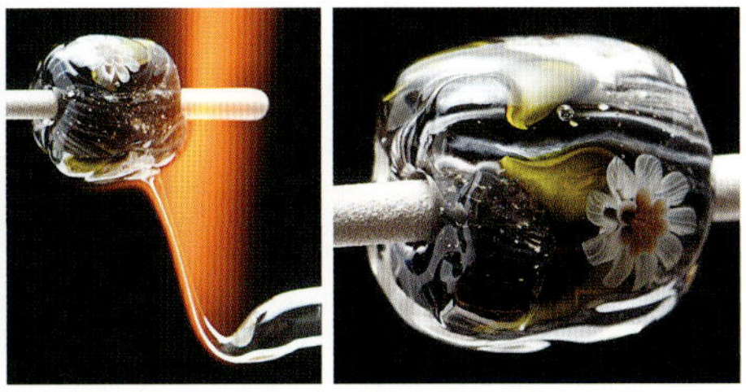

花のまわりなどくぼんでいる部分に透明ガラスを入れ、コテでおさえてある程度平らにする(但し花部分は形が崩れてしまうのでおさえないこと)。

最後のスキがけ

玉より若干少なめの透明ガラスを熔かし、一気に巻く。

透明ガラスをコテで左右の口側にものばしていく。

あぶりながらヘラやコテを使って形を整える。

最後は還元炎であぶる。

完成。

79

満開の花玉を作る

乱れず整然と並ぶ花々がポイントの玉です。下玉と花の色の組み合わせで印象が変わります。

使用ガラス
・透明ガラス（Cガラス〈C-1〉）・白（Cガラス〈C-2〉）・透明紫（Cガラス〈C-31〉） ・花芯パーツ（作り方：p.71） ※全てkinariガラス。

使用工具
・ピンセット ・左官ゴテ ・鉄板 ・予熱台 ・パーツ置き台 ・ヤスリ ・ローラーニッパー ・ヘラ ・ボールロッド

ポイント
- 花のパーツの間隔を均等に入れられるかどうかがポイント。
- 下玉の色は、花びらのパーツに使う地のガラスと同じ色か同系色がよい（黒も可）。
- パーツをのせていく過程で大きくなっていくので下玉は小さめに。

花のパーツを作る

■ 板状の白い花びらのケーンを作る（芯棒：3mm使用）

※ポンテに使うため、透明ガラスで太めの細引き（直径3mm）を引いておく。

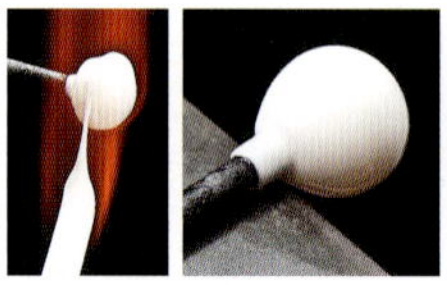

- 白いガラスを巻きとって丸くし、コテの縁を使って芯棒にしっかりつける。
- 鉄板にのせ、コテで2、3回に分けて押しつぶす。 
- 透明ガラス（細引き）の先を少しつぶしてポンテをつける。 
- 炎の上の方で軽くあぶりながら、炎の外に出してうすい板状に引く。 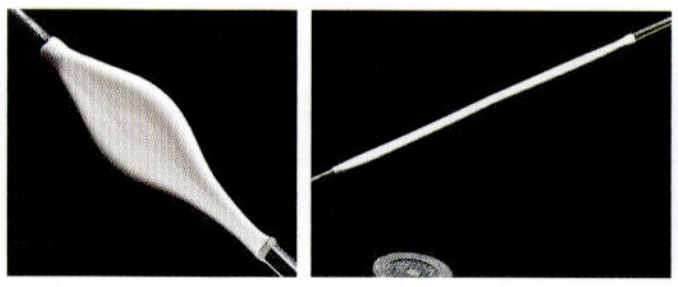
- 厚さは全て同じだが、内側用と外側用に幅の異なるケーンを2種類引く。 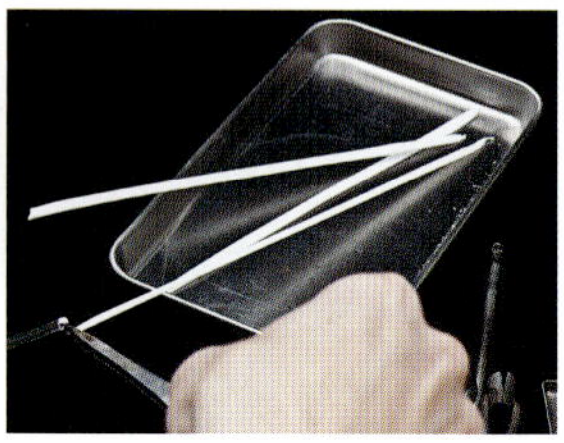

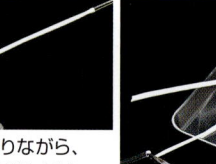

■ 花パーツを組み立てる（芯棒：4mm使用）

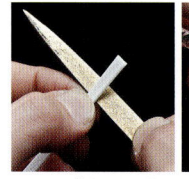

- ヤスリで傷をつけ、全て同じ長さにカットする。 
- 花芯は花びらと同じか若干長めにカット。

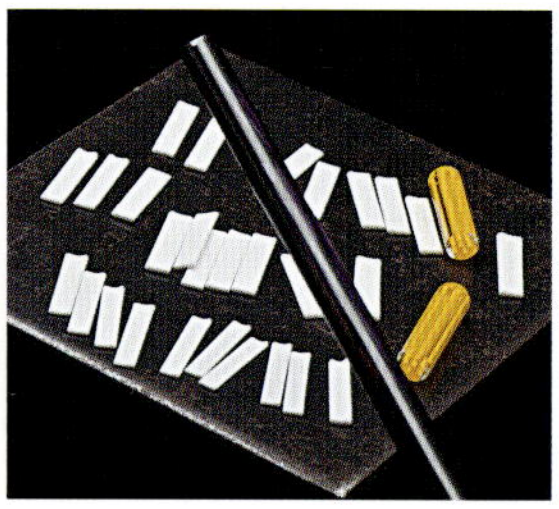

〈用意するもの〉
- 花芯パーツ（p.71）：使用するのは1本
- 花びらパーツ：多めに用意する。下の1列は幅の狭い内側用、上2列は幅の広い外側用。長さは同じ。
- 透明紫

■ 透明ガラスでベースを作り、花芯をつける

p.75と同様、花芯1本がのる位の大きさに透明ガラスのベースを作る。

紫色のガラスをうすく1回塗る

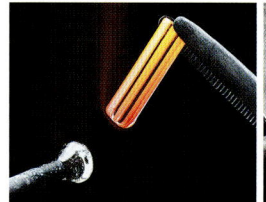

- 花芯パーツをつける。
- あぶってコテで真っすぐにする。 
- 透明紫色のガラスを鋭角に持ち、上から下へうすめに1周塗る。 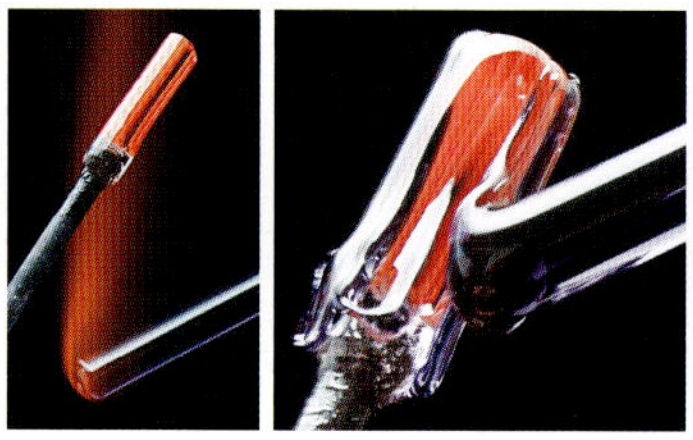
- あぶってコテの上をころがして整える。

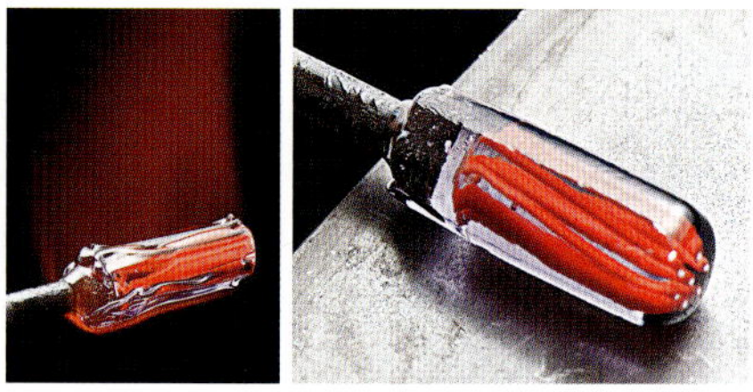

ポイント ガラスの塗りについて

本作業では紫色のガラスを以下のように3度塗る((1)と(2)では極端に厚みを変えて変化をつけている)。

(1) 花芯パーツに塗る(前ページ)。
　　うすく1回塗り。
(2) 内側の花びらの上に塗る。
　　3回塗りで厚くする。
(3) 外側の花びらをはりつけた後の最後の塗り。
　　2回塗り。この厚みが玉完成時の花と花の間隔になる。
※花のパーツは同心円状なので、各層ごとの厚みはそれぞれ均等にするように。

塗る際の注意
- 塗る際は、先に塗った部分に少し重ねて塗ると塗り残しが出ない。
- 厚くしたい時は、一度で厚く塗るより塗りやすい厚さで全体を塗り、さらに同じ厚みで重ね塗りしていく方が厚さにバラつきが出ない。

花芯に内側の花びらをはりつける

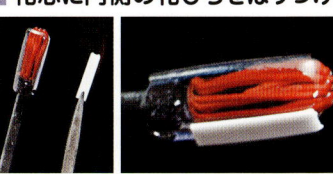

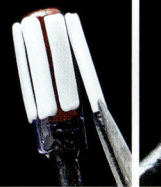

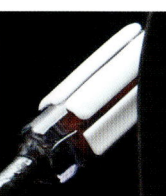

花びらパーツをのせる部分を軽くあぶり、まずパーツの先端をあぶってつける。次に全体を下ろしてはりつける。つけたらすぐに軽くコテでおさえてなでつける。

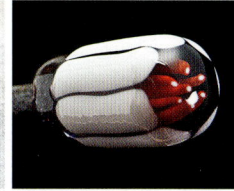

間隔を少しあけて花びらパーツをはりつけていき、1周つけ終えたら、なじませながらコテで整える。

花びらの間に溝を入れる

溝を入れたい部分のみあたため、炎の外でヘラで花びらの間を強く押し込み、できるだけ深く溝を入れる。

溝を入れ終えたら全体をあたためる。

深く溝を入れるため強く押し込むので、芯棒のつけ根部分が曲がらないように、作業中つけ根には炎を当てないように注意する。

紫色のガラスを計3回塗る

まず溝に塗り、全体に紫色の1回目の塗り。

1周塗り終えたら全体をあぶる。

2回目の塗り。

2回目を塗り終えたらなじませて、コテも使って表面を整える。

3回目の塗り完了。

外側の花びらをはりつける

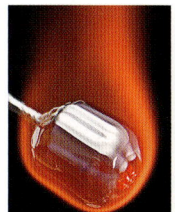

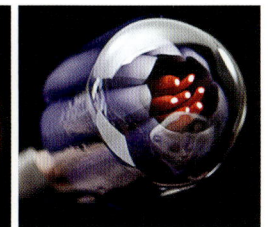

なじませてコテで表面を整える。

内側の花びらと同様につけていく。

全てはり終えたら、あぶりながらコテでおさえる。

花びらの間に溝を入れる

炎の上の方でなじませコテで表面をなめらかにしたら、形が完全に動かなくなるまで一度しっかり冷ましてから、再度焼いて溝を入れていく。

内側の花びらと同様溝を入れる部分を焼き、炎の外で押し込む。

外側の花びらの溝入れの完了。

紫色のガラスを塗る(計2回)

紫色を塗る(1回目)。

2回目の紫色の塗り完了。

なじませて引っぱる

なじませて、コテで整える。

コテでガラスを先端に寄せ、次に芯棒側にも寄せる。

コテの縁を使って芯棒にガラスをしっかりつける。

あぶって先端に集めたガラスをピンセットで引っぱり出して何度か引っぱりとる。

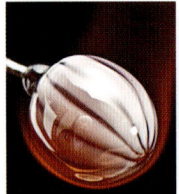

先端をきれいにしたら、しっかり熔かしてポンテをつけて引く。

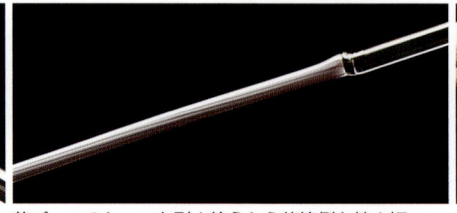

花パーツのケーンを引き終えたら芯棒側を焼き切り、すぐに新たなポンテをつける(p.76と同様)。

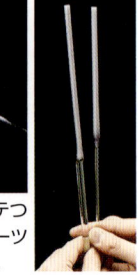

ケーンを中央でカットして、ポンテつきのケーンを2本用意する(花パーツの形作りの際に使用。p.76参照)。

満開の花玉を作る

花のパーツの形を作る

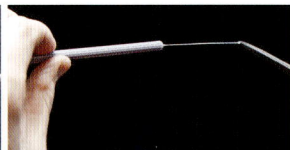

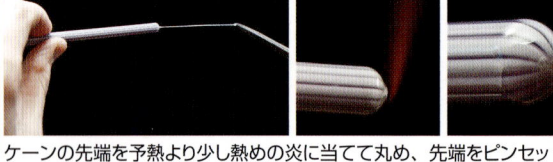

ケーンの先端を予熱より少し熱めの炎に当てて丸め、先端をピンセットで何度か細く引っぱり、形を作る。

完全に冷めてからカットする。

水中花の花パーツ(p.76)は下玉に埋め込むので先端を少し尖らせるが、こちらは埋め込まず表面に置いていくので丸みを帯びた形にする。

下玉を作り、花のパーツを埋めていく
(芯棒：4mm使用)

予熱台の上にパーツ置き台を置き、花のパーツを並べる。

紫色のガラスを芯棒に一巻きする。

コテで円筒形にし、両側の口を少しすぼめる。

花のパーツをのせる
中央ラインに花パーツを4個つける

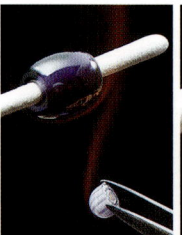

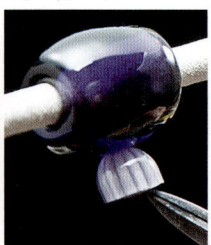

下玉を炎の上の方で予熱しておく。下玉のパーツをのせる個所だけ焼き、底部分を焼いたパーツをつけて軽くおさえる(つける順序は図のとおり)。

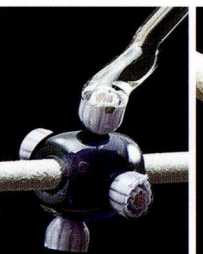

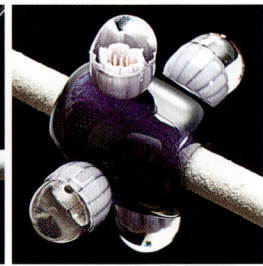

ポイント 花のパーツの頭に透明ガラスをのせる
- 回しながら玉全体を予熱しておき、透明ガラスをのせる直前に該当個所だけ焼く。
- 透明ガラスをのせる前に熱を加えすぎて花のパーツが丸くならないように注意すること。
- 本作業では花のパーツを4個つけてからまとめて透明ガラスをのせたが、花パーツを1個のせるたびに透明ガラスをのせていってもよい。

つけ終えた4個の花パーツの頭に透明ガラス(細引き使用)を熔かしてのせる。

先端側に4個つける　　　　　　　　芯棒側に4個つける

次に芯棒先端側の列に花のパーツを4個つける。 　パーツの頭に透明ガラスをのせる。　後ろ側にもパーツを4個のせる。　上に透明ガラスをのせる。

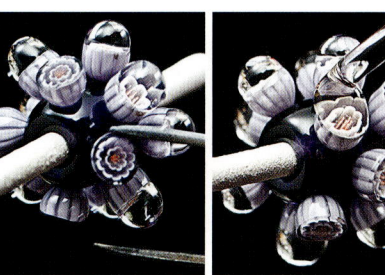

■ コテでおさえて花を開かせていく

全ての花のパーツに透明ガラスをのせ終えたら全体を軽くあぶる。おさえるパーツの頭を1つずつあぶってコテでおさえ、頭の透明部分をつぶすような感じで花を押して開かせていく。

次に花のパーツ同士の接点を何度も上からコテでおさえて寄せていき、花のパーツの四つの角がきれいに組み合うようにする。

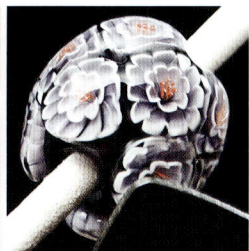

作業中に長く炎の中に入れておくとパーツがゆがんでしまうので、押す部分だけを一瞬炎に当て、すぐ炎の外へ出してコテで押すようにする。以上の作業を何度もくり返して形を整えていく。

■ 花の中央をくぼませ、透明ガラスをのせる　　■ 最後のスキがけ

全体の形を整えたら、ボールロッドで花の中央を押す。 　押したくぼみに透明ガラス（細引き使用）をのせる。　最後のスキがけの前に、ほかのくぼみ部分にも透明ガラスを入れ、コテで軽くならす。 　玉と同量の透明ガラスを熔かす。

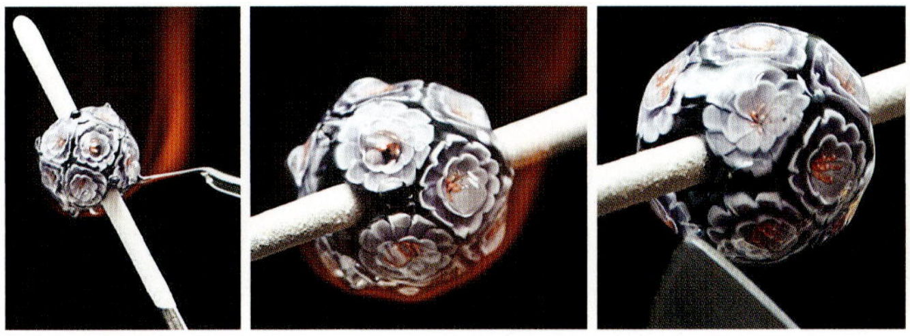

一気に巻きとりコテで左右にのばす。特に左右の口回りは重点的に焼き、しっかり整える。 　全体をあぶりながらコテの上をころがして形を整える。 　最後に還元炎であぶる。 　完成。

83

水中花玉 & 満開の花玉 を使った ビーズクロッシェのネックレス

【制作：アクセサリー作家・芝 裕子氏】

p.73～83で作った2種類の花玉を、アクセサリー作家・芝裕子氏が、ビーズクロッシェ（レース針でビーズを編む技法）でネックレスに仕立てます。

①水中花用レース糸（ラメのレース糸）
②満開の花玉用レース糸（絹のレース糸）
③レース編み用4号かぎ針

ビーズクロッシェ部分の素材
③ケシ・パール・ビーズ
④シードビーズ
⑤チェコビーズ
⑨チェコビーズ（緑）

ビーズクロッシェは身につける際、手でねじって好みの形にする。

玉、チェコビーズ（大）、スワロフスキービーズは、間に座金を入れながらワイヤーでつないでいく。

ビーズクロッシェ部分の素材
⑦⑧チェコビーズ
⑨パールビーズ
⑪シードビーズ

ワイヤーを使わずに、専用のワイヤー製針に通した糸でビーズクロッシェ部分と玉、スワロフスキービーズ、シュガー・パール・ビーズ、座金をつないで作る(p.87参照)。

水中花玉・ビーズクロッシェネックレスの材料

用意するもの

①留め金具：マンテル　②アーティスティックワイヤー(#24 Gold)　③ケシ・パール・ビーズ　④シードビーズ　⑤⑥チェコビーズ　⑦座金(大)　⑧スワロフスキービーズ#5000　⑨チェコビーズ(緑)　⑩座金(中)　⑪座金(小)

満開の花玉・ビーズクロッシェネックレスの材料

用意するもの

①留め金具：銀のマンテル　②アーティスティックワイヤー#24　③シュガー・パール・ビーズ　④⑤⑥座金　⑦⑧チェコビーズ　⑨パールビーズ　⑩スワロフスキービーズ#5000　⑪シードビーズ

ビーズクロッシェの基礎技法

レース編み用かぎ針を使い、ビーズを編み込んでいきます。
本作業では、わかりやすいように太いひもとビーズを使って、基礎技法をご紹介しています。

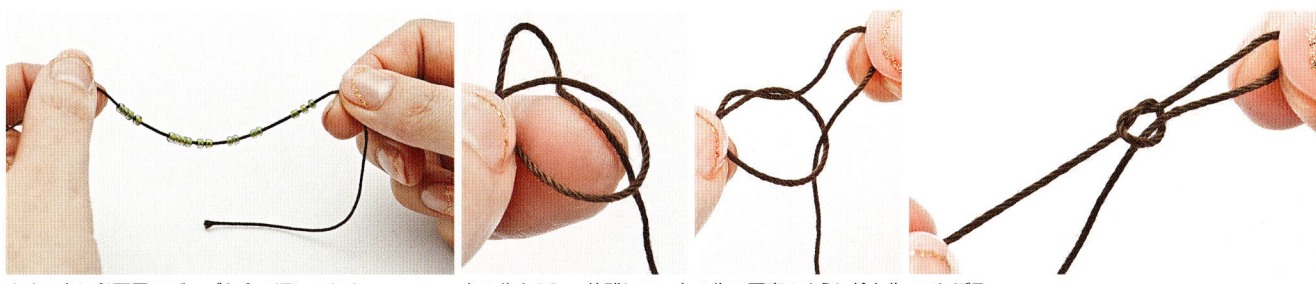

まず、糸に必要量のビーズを全て通しておく。

糸の先を10cm位残して、糸の先で写真のように輪を作ってしぼる。

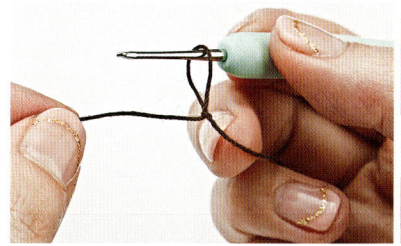

輪にかぎ針を通す。

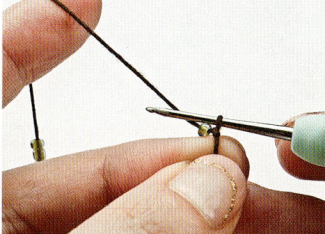

ビーズを手前ギリギリに寄せて、編み針で糸を引っかけてビーズを編み込んでいく。

次のビーズも同じように編み進める。

必要な長さに真っすぐ編んだら糸を抜き、指で引っぱってとめる（編み作業完了）。

編み方の悪い例

きつく引っぱりすぎてねじれてしまった例

ゆるすぎてすき間があいた例

※但し、きつく引っぱりすぎている例は、意図的にらせん状に編むデザインとして使うこともできる。

アクセサリー作家・芝裕子氏が本書で使用した主な工具

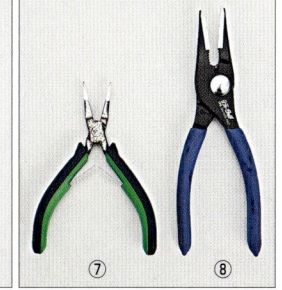

①目打ち　②リングサイズ棒　③ニッパー　④平ヤットコ　⑤丸ヤットコ　⑥はさみ
⑦⑧作業中ワイヤーを傷つけないように、刃の内側を樹脂コーティングしたヤットコ。
⑦：コーティング用専用樹脂も販売されており、手持ちのヤットコをコーティングできる。
⑧：最初から樹脂のついている市販のヤットコ。

水中花玉のビーズクロッシェ・ネックレスを作る

■ビーズクロッシェの基礎技法でビーズ編みをし、端を結んで処理する

p.85のビーズクロッシェの基礎技法で編んで、ネックレス部分に使うビーズ編みをそろえる。

シードビーズ
チェコビーズ(緑)
ケシ・パール・ビーズ
チェコビーズ

ビーズ編みの端の糸をまとめて結ぶ。

結び目に目打ちをさし、ギリギリまでもってきて根元でひっぱって結ぶ。

結んだ様子。

結び目に手芸用ボンドをつける(結び目をくっつけるだけなので少量でよい)。

■ワイヤーを先端に通し、ビーズ編みの頭に座金をかぶせる

接着剤が乾いたら、結び目ギリギリのところをはさみで切る(片側も同様に)。

ワイヤーを15cmに切る。

結び目の適当な個所にワイヤーをさし込み、先端側に折り曲げる。

短い方のワイヤーをビーズ編みの結び目に2回巻く。

ワイヤーをしっかり巻いたら、短い方のワイヤーを切って、切り口をおさえる。

残ったワイヤーに座金(大)を通し、ぴったりかぶせる。

■ワイヤーの先端に輪を作り、根元に3回巻きつける

平ヤットコで立ち上がり部分を残して直角に曲げる。

丸ヤットコで上を丸くする。

ワイヤーを丸ヤットコに巻きつけてクロスさせて輪を作る。

輪をヤットコでおさえて根元に3回巻き、余分なワイヤーを切る。

切り口をおさえる。

残る片方の端も同様に作り、両サイド完成。

ビーズ編み部分と玉、ビーズ、座金をつなぐ

新しいワイヤーの先端近くを丸ヤットコでくるりと曲げ、ビーズ編みの座金の上の輪に通す。

輪の根元に3回巻き、短い方のワイヤーを切る。

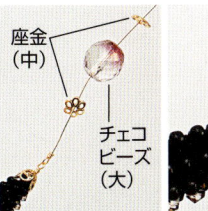

残った長い方のワイヤーに座金(中)2個とチェコビーズ(大)を順に通す。

チェコビーズ(大)の先端のワイヤーを反対側と同様の輪(根元に3回巻き)にする。★1

ビーズ編みの反対側も同様に作っておく。★2

玉を中心に写真の順序でビーズと座金を新しいワイヤーに通す。★1の先端の輪にワイヤーを通し、先を輪にしてから根元に3回巻いて留める。

同様にして残る片方の端に★2をつなぐ。

留め金具を除き完成。

両端に留め金具をつける

丸ヤットコでワイヤーの先端を丸くする。

丸くしたワイヤーに留め金具と、ビーズ編みの先端の輪をつなぐ。

丸ヤットコで回しながらワイヤーを二重にしていく。

ワイヤーが二重になったら、スタートと最後の位置を合わせてワイヤーを切り、おさえる。

反対側も同様に留め金具を留めつけて完成。

満開の花玉の場合——ビーズクロッシェ部分と玉・ビーズを糸と針でつなぐ

右：ビーズに糸を通すためのワイヤー製針。

水中花ネックレスはワイヤーで輪を作ってつないでいったが、満開の花玉は右のように、ワイヤーを使わずにワイヤー製針に通した糸でビーズクロッシェ部分と座金、ビーズ、玉をつないで作る。

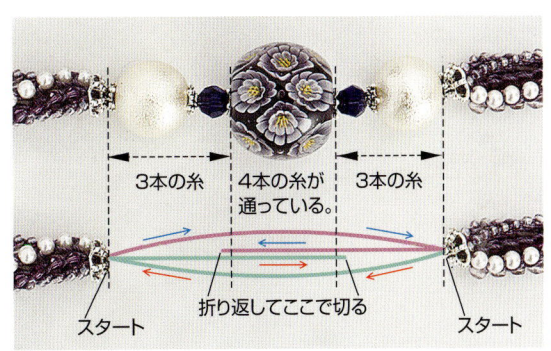

3本の糸 / 4本の糸が通っている。 / 3本の糸
スタート / 折り返してここで切る / スタート
糸

まず、ビーズ編みの端の糸をまとめて結び、中の1本を残して切る。

それぞれ残した1本の糸にワイヤー製針を使ってビーズを通していく(たがいに反対側から飾りのビーズを通してゆく感じ)。反対側にわたった糸はビーズ編みの端に結びつけ、さらに中心に向かって折り返し、図の位置で切る。

八重白花 & 八重赤花

直径23mm

天地42mm

八重の花玉を作る

花芯のまわりに花びらを重ね、八重の花を作ります。
作った花をどのような作品に生かすか工夫してみてください。

使用工具
・左官ゴテ ・ピンセット ・鉄板 ・ヤスリ ・カーボンパドル ・マーブルモールド

ポイント
- 板状の花びらケーンはうすめに引くのがコツ（厚いときれいな花びらの形にならない）。
- 白の花びらは、白のベースに透明色のガラスをかけてうすく色をつける。ベースは不透明色であれば、好みで白でなくてもよい。なお、ベースの円筒形の直径を大きくすることで、引く花びらのケーンの色をうすくすることができる。

八重白花玉

使用ガラスおよび芯棒
- 白（Cガラス〈C-2〉）
- 透明茶（Cガラス）
- 透明ガラス（Cガラス〈C-1〉）
- 「花芯パーツ」（p.71）
- 芯棒：3mm

※全てkinariガラス。

■花びらのパーツを作る

板状の花びらのケーンを引く

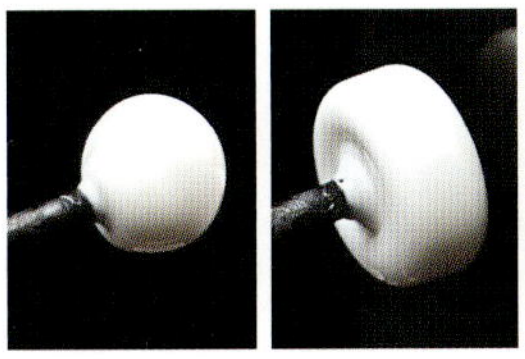

ベースにする白いガラスを巻きとり、コテで短い円筒形に整える。

上に透明色（本作業では茶色）を一巻きし、コテで均等にならす。

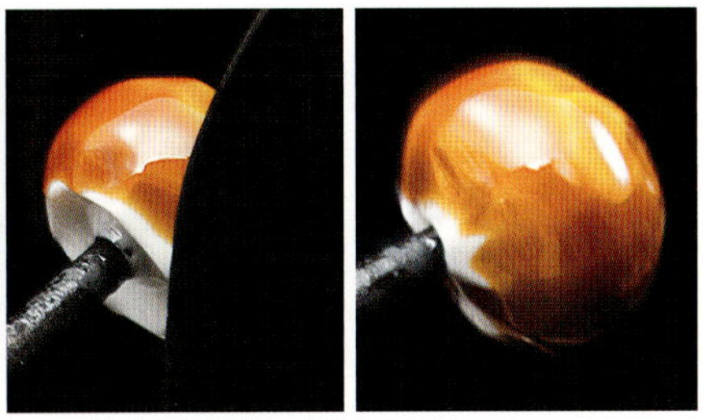

コテで先端と芯棒側に茶色をのばす。

先端の状態。

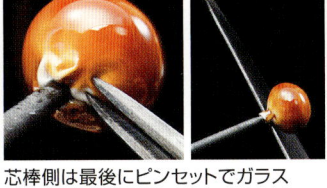

芯棒側は最後にピンセットでガラスを寄せ、コテの縁でおさえる。

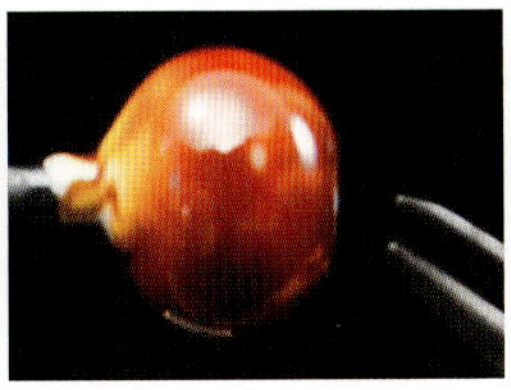

先端をピンセットでつまんでとり、先端まで茶色で包む。

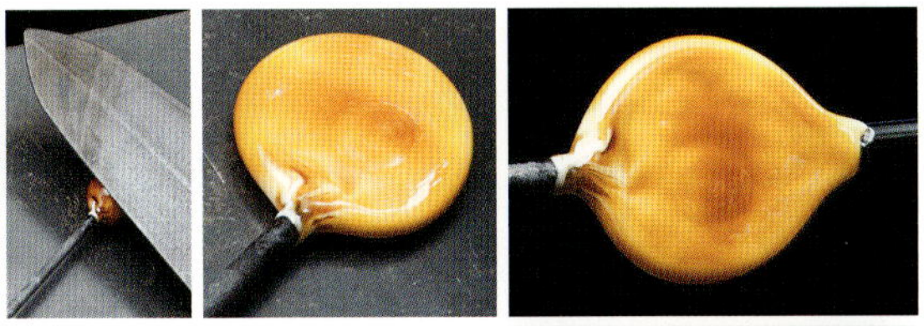

あぶって鉄板の上でコテでつぶす。

ポンテをつけてできるだけうすく引く。

■花びらの形を作る

事前にポンテに使う透明ガラスの細引きを作っておく。
バーナーのエアはできるだけ落とし、シャープな集中炎にする（炎の強さは不要）。

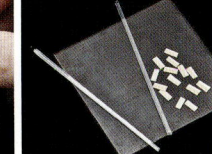

板状の花びらのケーンをヤスリでカットする（長さは全て同じ10mm）。

花びらの一方の端を少しあたためてポンテをつける。

花びらの先端側を半分程あぶる。

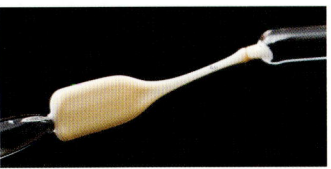

ガラス棒をつけて何度か細く引っぱって尖らせる。

尖らせた先端にポンテをつけて、元のポンテを切り離す。

反対側同様、先端側半分をあぶって、ガラスをつけて何度か細く引っぱり笹の葉の形にする。

× 先端だけあぶって引いたり、ケーンが厚すぎると図のような形になるので注意。

ベースに花芯をつけ、まわりに花びらをつけていく

花びらパーツ5枚を5セット用意する。

花芯のケーンにポンテをつけて細く引く。ねじれないように、大きく熔かさず根元を少しずつ熔かしながら真っすぐ引く。

5mm位にカットする。

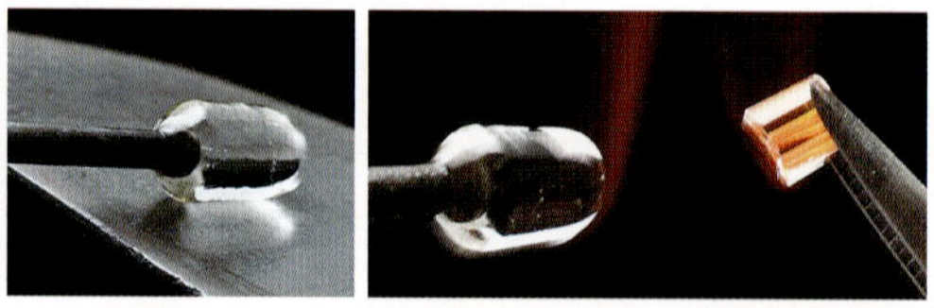

透明ガラスで花芯1本分の長めのベースを作り、花芯パーツをつける。

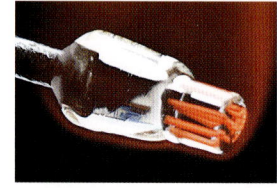

あたためてコテでころがし、段差をなくして平らにする。

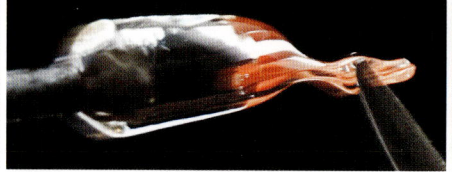

先端をピンセットでつまんで引っぱりとり、あぶる。

1列目の花びら（5枚）をつける

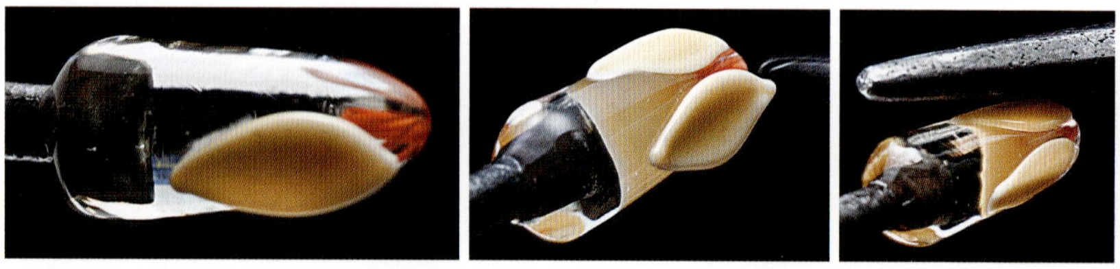

花びらパーツをあたためて、まず芯棒側からベースにつけ、次に全体をはりつける。つけたら花びらの縁をパドルでおさえ次に全体をこする。

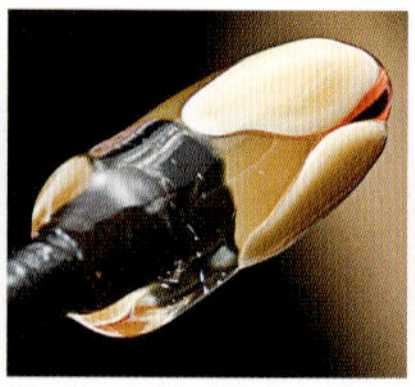

花びらの縁はうすくなる。

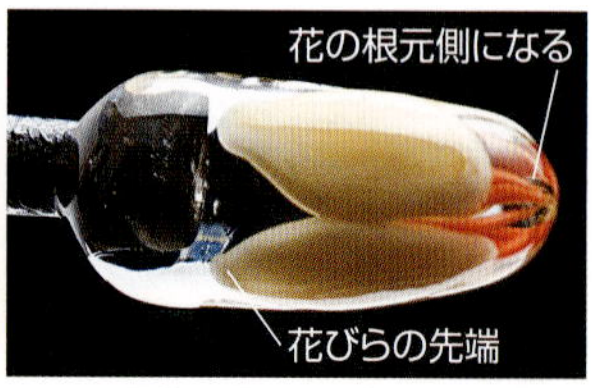

花の根元側になる

花びらの先端

1周分5枚の花びらを少しふれ合う程度につける。

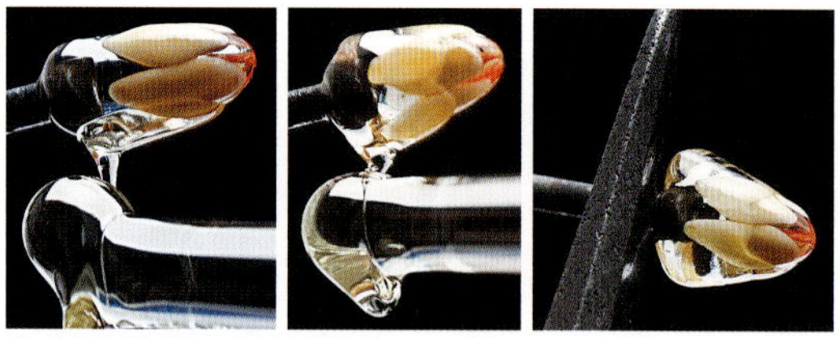

花びらと花びらの間を透明ガラスで埋めていく（花の根元にはガラスをのせず、花びらの先端側に厚くのせていく）。

2列目の花びらをつける

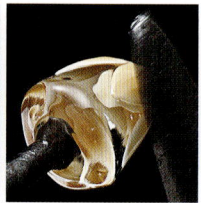

1列目と同じ手順で2列目の花びらパーツを5枚はりつける。
花びらは1周ごとに少しずつ根元側に寄せてつけていく。

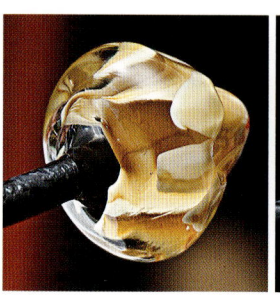

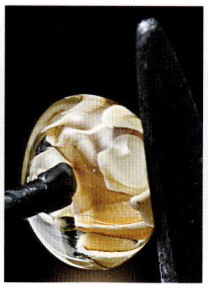

2列目の花びらパーツを1周はり終えたら、熔かした透明ガラスを一巻きし、パドルでならす（花の根元にはのせないこと）。

作る花の形によっては、2回目以降のスキがけも、一度にくるりとかけずに1回目同様、花びらの間を埋めていく方法がよい場合もある。

3列目の花びらをつける

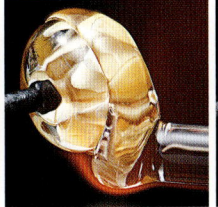

花びらパーツをさらに花の根元側に少し寄せて1周つける。

透明ガラスを一巻きし、花の根元を除いて前後にのばす。

足りない部分には透明ガラスを足して整える。

4列目の花びらをつける

4列目の花びらパーツを花の根元側に少し寄せてつけていく。

1周はり終えたら中央に透明ガラスを巻き、花の根元を除いて前後にのばす。

5列目の花びらをつける

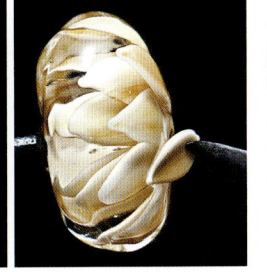

最後の5列目の花びらパーツは、花の根元に寄せてはりつけ、花芯を隠す。

形を整える

花の中心をあぶり、花びらが中心に寄ってくる程度にピンセットで何度か軽く引っぱりとる(とりすぎると花芯がなくなるので注意)。

あぶってマーブルモールドで底(花の根元)を丸くする。

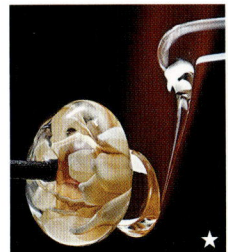

花の根元に透明ガラスをのせる。

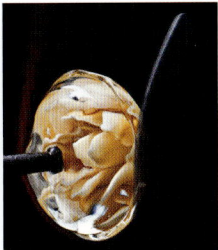

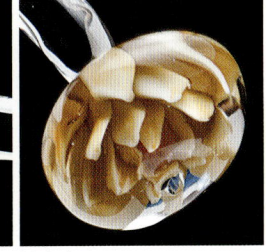

コテで花びらの先端まで透明ガラスをうすくのばす。

花の根元側にコールドポンテをつけ、芯棒を焼いてはずす。

次ページの八重赤玉のようにガクをつけたい場合は、花の根元に透明ガラスをのせる(写真★)前にガクをつける作業をする。

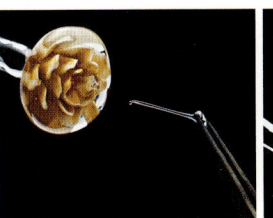

先端をピンセットで少しとる。

なじませて表面を炎で丸くする。

この後、マーブルモールド(カーボン製)を前もってあたためておき、その上でポンテを何度か軽くたたいて花玉をマーブルモールドの中に落とす(あるいはカッパなどで花玉を持ってポンテを落としてもよい)。
ポンテをとった後はバーナーでポンテ跡を軽くあぶってなめらかにして完成。

八重赤花のループペンダントヘッド

p.89～91の八重白花玉と同様の技法で作った色違いの赤花玉を使います。まわりに透明ガラスをつけながら花を好みの向きに変えていき、ループのペンダントヘッドを作ります。

使用ガラス
- 八重の赤花玉（Cガラス）〈ガクつき〉
- 透明ガラス（Cガラス〈C-1〉）
※全てkinariガラス。

赤花は花の根元にガクをつけてあります（p.91参照）。

▌p.89～91と同様の作業で八重の赤花玉を作る

p.89～91の八重白花玉は最後にポンテを落とした状態で完成となるが、ここではループのペンダントヘッドとするため、p.91の最後の写真の状態からポンテを花びら正面側につけ変えて、さらに作業を続けていく。

▌ポンテをつけかえ、根元側全体に透明ガラスをのせる

透明ガラスを根元側全体にのせる。ガクの形を崩さないように、一度にのせずに、中心のガクから外側に向けて少しずつのせていく。

全体に透明ガラスをのせたら、なじませてマーブルモールドで花の根元部分を整える。

▌透明ガラスをのせながら花の向きを変えていく

次に、さらに透明ガラスをのせ、コテで整えながら花の向きを変えていく。新しいポンテをつける部分にもガラスを足す。

▌ポンテを直角につけかえ、形を作っていく

直角にポンテをつけ、前のポンテを切り離す。

先端に透明ガラスを足し、コテでおさえる。

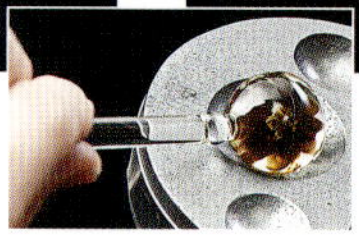

あぶりながらマーブルモールドを使って少しずつ形を整えていく。

▌ループをつける

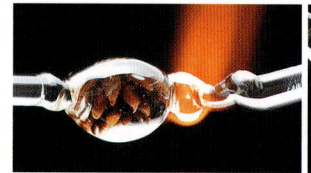

ループにする透明ガラスをつけ、しっかりなじませる。

ループにする部分にガラスをつけてひっぱり、形を作る。

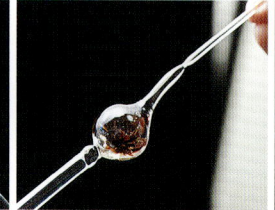

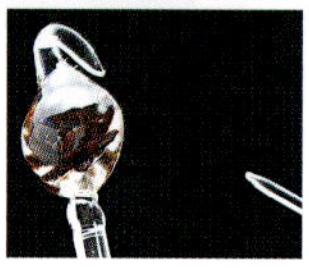

まず真っすぐに引っぱり、続いてループ形に曲げる。

ピンセットでつまんで引っぱらずに、軽くおさえて形を作っていく。

ループ部分をあたためて、ピンセットでおさえながら形を作る。穴の形も整える。

正面から見てループが真っすぐになるように整える。

全体をあぶる。

ポンテを切り離し、あぶってポンテ跡をきれいにして完成。

完成作品は、430度に設定した電気炉に入れ1時間おいてOFFにし自然徐冷する。

ワイヤーラッピングによる 八重白花のネックレス &
ソフトフレックスワイヤーを使った 八重赤花のループペンダント

ワイヤーの質感はガラスの輝きとよく合います。
ガラスはループのあるものとないもの、2種類を仕立てます。

【制作：アクセサリー作家・芝 裕子氏】

- ネックレス部分は、ナイロンコートワイヤーにケシ・パール・ビーズを通して作る。
- アーティスティックワイヤーによるワイヤーラッピング。
- ヘッド飾りの輪にネックレスを通して使います。ネックレス部分はとりかえ可能です。
- 3色のソフトフレックスワイヤー（ソフトフレックスワイヤーについては、p.108のジャパンランプワークソサエティのURLへ）
- ソフトフレックスワイヤーは張りがあり、ヘッド部分を通しても形がきれいに出ます。色もさまざまあるので組み合わせも楽しめます。主役の赤い花のじゃまをしないように、フレックスワイヤーの張りと色を生かしてシンプルにまとめました。

八重白花のネックレスの材料

①ケシ・パール・ビーズ ②アジャスター ③カニカン
④つぶし玉カバー2個 ⑤つぶし玉2個

用意するもの

※ほかにネックレス用：ナイロンコートワイヤー
　ヘッドのワイヤーラッピング用：アーティスティックワイヤー ・#18(40cm) ・#24(80cm)。

使用工具

- リングサイズ棒 ・平ヤットコ ・丸ヤットコ
- ニッパー ・目打ち

八重赤花のループペンダントの材料

用意するもの

①ソフトフレックスワイヤー
・赤：Garnet ・緑：Green
・濃茶：Copper Color Metallics
③アジャスター ④カニカン
⑤丸カン2個 ⑥つぶし玉カバー2個 ⑦つぶし玉2個

使用工具

- ソフトフレックス・つぶし玉専用ペンチ（写真②）
※ほかに、ニッパー、平ヤットコ。

ワイヤーラッピングによる八重白花のヘッド飾り

■太いワイヤーで2重のしずく形を作る

#18のアーティスティックワイヤーは太いワイヤー、#24のアーティスティックワイヤーは細いワイヤーと略記。

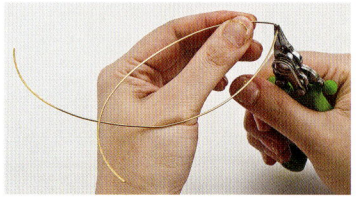

太いワイヤーを40cm用意し、真ん中をペンチで折る。

リングサイズ棒に太いワイヤーを当てて曲げていき、しずく形を作る（底側は玉より若干小さめに）。

しずく形の太いワイヤーに玉を入れてみる。

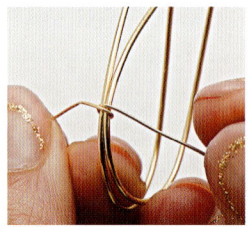

細いワイヤーで3回しっかり巻く。

しずく形の内側で短い方のワイヤーの不要な部分を切る。

しずく形の先端まで、巻いた細いワイヤーを動かし、平ヤットコでおさえる。

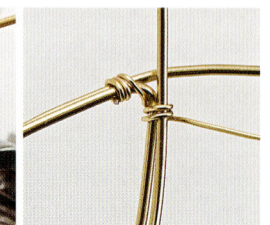

しずく形の先端のもう一方の太いワイヤー2本にも、細いワイヤーを巻きつけて固定する。

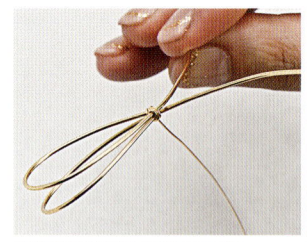

玉を入れられるように2つのしずく形の間を少しあける。

玉を入れてみて、ワイヤーの形が大きい場合は、先端のクロスした2本の太いワイヤーをしぼって、しずくの形を玉のサイズに合わせる。

ワイヤーサイズの調節が終わったら、先端の2本の太いワイヤーを少し外側に曲げる。

■しずく形の先端に輪を作る

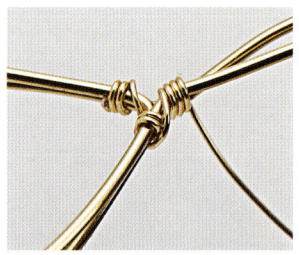

しずく形の先端の太いワイヤー2本も細いワイヤーで巻く。

太いワイヤー2本をそろえて先を曲げる。

さらに曲げて輪の形にする。

輪の下側を細いワイヤーで巻く（完成後、ネックレス部分を通す輪になる）。

しずく形の中に玉を入れてみて、ワイヤーのサイズを確認する。

■残りの太いワイヤーの先でうず巻き形の飾りを作る

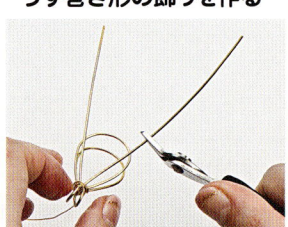

輪にした残りの太いワイヤーを4cmと5cmに切る。

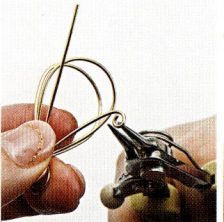

太いワイヤー2本を丸ヤットコで巻いて、好みのうず巻き形を作る。

うず巻きを輪の方へ巻き上げ、位置を調整する。

玉を入れる。

■ ガラスを2つのしずく形の間に入れ、細いワイヤーでしずく形の側面を編む

側面の太いワイヤー2本の間を、細いワイヤーで斜めに編んでいく（玉が落ちないように固定すると同時に飾りにもなる。編む回数は好みで）。

1周めを編む。

1周編んだら、先端の太いワイヤーに巻きつけてとめる。

1周めの巻き終わり。

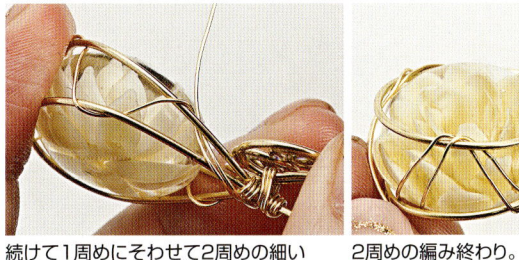

続けて1周めにそわせて2周めの細いワイヤーを編んでいく。

2周めの編み終わり。

2周めを編み終えたら、1度、細いワイヤーを太いワイヤーに留めつけてから、3周めの編み作業を行う。

3周めを編み終えたら、細いワイヤーを先端部分の裏側に巻きつけ、最後は太いワイヤーのひとつに巻きつけて留める。

余分なワイヤーを切る。

目打ちを使って、側面に編み込んだ3本の細いワイヤーを平行に整える（玉を傷つけないように注意）。

ソフトフレックスワイヤーを使ったループペンダント

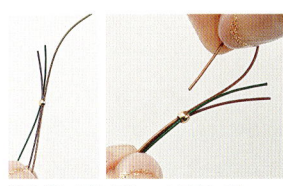

3色のソフトフレックスワイヤー（以下、ワイヤー）をつぶし玉に通し、1本だけ長くし、輪にして先をつぶし玉にもどす。

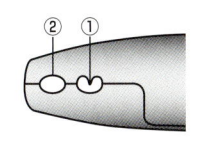

専用ペンチには形の異なる2つのホールがあるので、その2種類のホールで順につぶし玉を2度つぶし、ワイヤーをしっかり固定する。

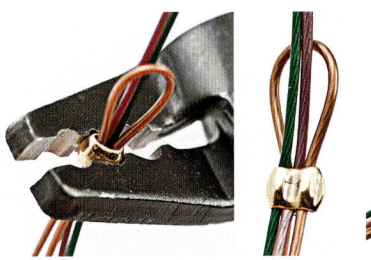

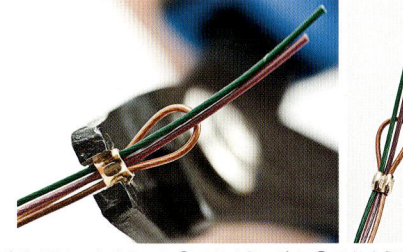

ワイヤーはつぶし玉の中で重ならないように平行に置く。まずホール①でおさえ、次に②でおさえる。

留め金具をつける

先端の輪以外の2本のワイヤーを切る。

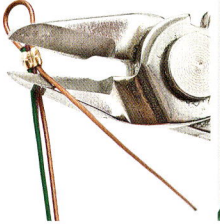

下側に出ている輪にした残りのワイヤーも切る。

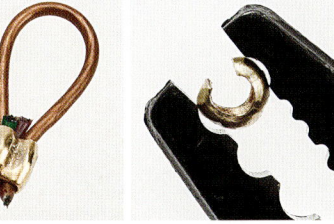

つぶし玉をつぶし玉カバーで覆ってしっかりおさえる（ホール②）。

丸カンでワイヤーの輪と留め金具をつなぐ。

バキューム技法による
花のインケーシング

Ⓐ 一輪の花を閉じ込めたペンダントヘッド
　（ループペンダント：天地42mm）〈作業紹介作品〉
Ⓑ バキューム技法で作ったベースに、花のパーツをのせて開かせた玉。
　〈参考作品〉
Ⓒ 底面にだけ黒のガラスをしいた透明なキューブに閉じ込めた花たち。
　（天地10cm）〈参考作品〉

バキューム技法によるインケーシング
──花のパーツを透明ガラスで包んだ立体的な作品を作る

パーツを組み立てて透明ガラスで包み込み（インケース：Encase）、各パーツ間の距離を保ったまま奥行きのある立体的な作品を作ります。

インケーシングに使われるバキューム技法はペーパーウェートやマーブルなどの比較的大きな作品にも用いられる技法ですが、本作業では、シンプルな花1輪を包み込んだペンダントヘッドで、基本的な作業工程をご覧いただきます。

Ⅰ 本技法に使うガラス素材について

本作業では作品が小形であるため、以下の作業紹介頁のように、全てkinariガラスを使用しています。なお大形作品の場合は、同ガラスのほかに作業に適したさまざまなメーカーのガラス素材がありますので、「ガラス工芸材料・機材販売店」（p.108、109）を参考に、各社のホームページなどをご覧ください。

Ⅱ パーツの組立てと予熱について

パーツの組立て

パーツがうすくて軽い場合は、集中炎のエアバーナーを使って熔着して組み立てることができます。その際は、まずパーツのひとつにポンテをつけて持ち、順にパーツを熔着していくことになります。

また、パーツが塊状などの場合は、各パーツはホットプレート（電熱器の上に鉄板を置くなど工夫する）の上で予熱しておき、その上で組み立てます。その際は、左手でパーツを持ち（ピンセット使用）、ガラス工芸用や彫金用などのハンドタイプで細い炎を出せる火力の強いバーナーを使って（酸素バーナーも可）、各パーツの接点を熔着していきます。

本作業では花全体を透明ガラスで覆った厚めのパーツを使うので、ハンドバーナーを使って熔着しています。

透明ガラスに閉じ込めるまでのパーツの予熱

本作業では、予め熔着したパーツを工具の底に置いて専用電気炉の中で予熱しておき（430度に設定）、上から熔かした透明ガラスを下ろします。なお、ここでは花が塊状でしっかりした予熱を要するため専用電気炉を使いましたが、パーツがうすい（板状など）場合などは、炎を使った予熱も可能です（幅の広い軟かい炎を出すアウトドア用のハンドタイプバーナーなども使用可）。

Ⅲ 専用工具について

バキューム専用工具の模式図

- 熔かした透明ガラスをおとし込む。
- すき間ができないように密着。
- あらかじめ熔着したパーツをセットする。

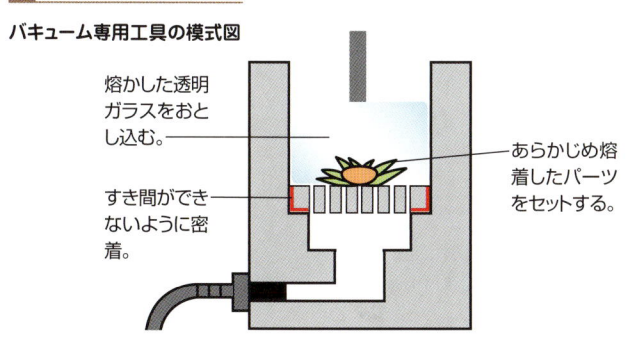

※図のように、底部分と外枠が一体となった専用工具などが市販されています。

バキューム技法を使ったインケーシングには専用の工具が必要です。電気炉と一体化していないバキューム専用工具も市販されていますので「ガラス工芸材料・機材販売店」（p.108、109）を参考に確認してみてください。

本作業では、市販の工具なども利用して作った、電気炉と一体化させた小形の手作りの専用工具を使用しています。

本作業で使用する、専用工具と一体となった手作り専用電気炉

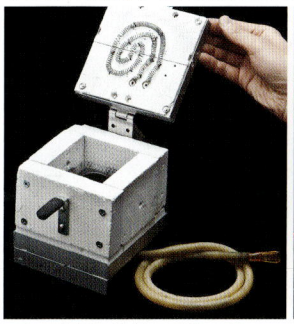

フタの内側の熱線で予熱。また、温度コントローラーはフタの表側に設置してある。

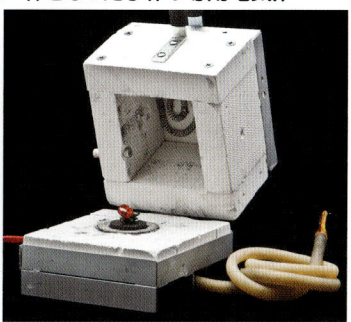

専用工具の底部分にパーツをセットしやすいように、電気炉の側面はフタと一緒に持ち上げることができる構造になっている。また、バキューム用ホースは電気炉の底部に空間を作って外に引き出している。

使用する手作り専用工具（カーボン製）〈電気炉と一体型〉

使用する手作り専用工具は、透明ガラスをおとし込む枠（側面）と底部分が別々になっています。使用する際は、空気を吸い出すための複数の穴のあいた底部分にパーツをセットし、上から枠をのせて組み合わせます。

透明ガラスをおとし込む枠
本作業に使用した工具の穴の直径は3cm。ここから熔かした透明ガラスをおとし込む。内部の空間は円筒状。

Ⅳ 作業の手順について

専用工具の底側にガラスのパーツをセットし、予熱する

専用工具の底部分にパーツをピンセットでセットし、枠（工具の上部）をかぶせます（p.98）。その後、透明ガラスを熔かす間、電気炉を閉めてパーツを430度で予熱しておきます。

バキューム作業

1. パーツを予熱しながら、透明ガラスをトロトロになるまで熔かします。熔かし方が足りないとパーツの細部に透明ガラスが回りません（熔かす透明ガラスの形についてはp.98参照）。
2. 熔かした透明ガラスを専用工具内に下ろし、タイミングをはかって強く吸って、底側に残っている空気を抜きます（p.99）。この作業によってパーツの細部に透明ガラスがまわります（空気を抜くタイミングについてはp.99参照）。
3. 空気を抜いた後、透明ガラスの動きがとまったら（数秒かかる）、ガラスを工具から抜き出し、形を作っていきます。

バキューム技法を使った
花のインケーシング

組み立てた花のパーツを、形を崩さないように気をつけながら、透明ガラスに閉じ込めます。

使用ガラス
- 透明ガラス(Cガラス)①　・不透明黒(Bガラス)②
- 花のパーツ
  花びら：オレンジ色(Bガラス)、黒(Bガラス)、
  　　　　茶色(Cガラス)
  葉(Cガラス)：不透明白、緑、不透明黒、透明緑
  茎(Cガラス)：白、茶色
  花芯：花芯パーツ
※全てkinariガラス。ほかにボロシリケートガラス(透明ガラスの巻きとりに使用)。

使用工具
- バキューム専用工具　・ホットプレート
- カーボンパドル　・左官ゴテ　・マーブルモールド　・ピンセット

■ パーツを熔着し、専用工具内にセットする

ホットプレートの上で各パーツを予熱しておき、接点を熔着して組み立てる。
花は透明ガラスをかけ、葉は両面を透明ガラスで覆っている(むき出しのままだとうすい葉は形が崩れてしまうので)。
茎は白いガラスで下玉を作り、上に茶色を塗って作ったケーン。

熔着後の花のパーツを、専用工具の底側に置いた状態。

接点を熔着して組み立てた花のパーツを、ピンセットで専用工具の底部分にセットする。

上から専用工具の外枠をのせる。枠は熔着して組み立てた花のパーツをのせる底部分とぴったり合うようにしてある。

■ 必要な量の透明ガラスを熔かす

ポイント　枠の内径と透明ガラスの形

1. 透明ガラスが細長くて枠との間にすき間ができると、空気が吸い出せずバキューム作業はできない。
2. 透明ガラスを枠の内径より大きくすると、下ろすときに枠に引っかかり、スムーズに下ろせなくなる。

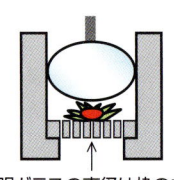

透明ガラスの直径は枠の内径ピッタリがベスト。
また枠から出して形を作っていく際、余分なガラスはとっていくことになるので、できるだけ厚みは少ない方がよい。

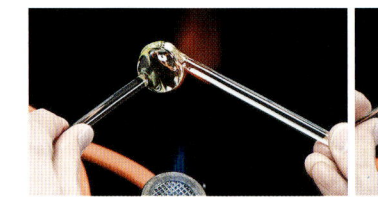

ボロシリケートガラス棒を予熱し(芯棒代わり)、透明ガラスを巻きとっていく。
ある程度玉が大きくなったら、パドルで形を整えながら巻きとり、時々電気炉のフタをあけて、専用工具の枠に合わせてみる(電気炉のフタを開けた時、熱線に触れないように注意)。
さらに適当なサイズになるまで、時々枠に合わせてみて確認しながら透明ガラスを巻きとり形を作っていく。

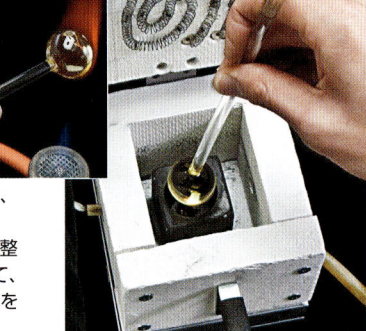

ガラスの直径が枠の内径とピッタリサイズになったところで、次の空気抜きの作業(バキューム作業)に入る。

■ バキューム作業──専用工具内に熔かした透明ガラスをおとし込み、空気を抜く

> **ポイント** 空気を抜く際のタイミング
>
> ・枠の内径に合わせて熔かした透明ガラスを枠内に下ろし、枠が密閉されたら一瞬で空気を吸い出す(密封されていないと空気を吸えない)。
> ・できるだけ透明ガラスをパーツに近い位置まで下ろした状態で吸うのがベスト。パーツとの間に間隔がありすぎると、空気を一瞬で吸い出すことで、透明ガラスが一気に落ちてパーツがつぶれる原因になる。
> ・また、吸うタイミングが遅れて、空気を吸い出す前に透明ガラスがパーツの上にかぶさってしまった場合も、パーツは崩れる。
> ・枠内は目視できないので、ちょうど良いタイミングは、何度か実際にやってみてつかんでください。
> ＊なお、枠が深すぎる場合は、透明ガラスが底のパーツ近くに下りる前に枠内が密閉されやすいので、どちらかというと浅い方が作業しやすい。

透明ガラスが枠内にぴったりのサイズになったのを確認したら、ガラスをトロトロになるまでよく熔かしながら、空気を抜くためのホースの先を口にくわえて準備する。

熔かした透明ガラスを、底側に組み立てた花のパーツを置いたバキューム専用工具内に下ろす。専用工具の枠が透明ガラスで密封された瞬間に、空気を一瞬で強く吸い工具の底の空気を抜く。

■ 花のパーツと一体化した透明ガラスを工具から出し、形を整えていく

バキューム作業に使用した透明ガラスの量と、作品に必要なガラスの量は異なるので、この後は不要な透明ガラスをとって形を作っていく作業に入る。中の組み立てた花のパーツの映り方を見ながら、透明ガラスをとったり動かす作業を適宜行っていく。

ガラスを工具からとり出す

透明ガラスの動きがとまったら、工具からとり出し、あぶりながらコテで整える。

底部分に透明ガラスを足し、形を整える

花の裏面が露出した状態になっている面(工具の底側にあった面)に透明ガラスを足し、必要な厚さにし、マーブルモールドなどを使って形を整える。

ポンテをつけかえ、余分なガラスをとる

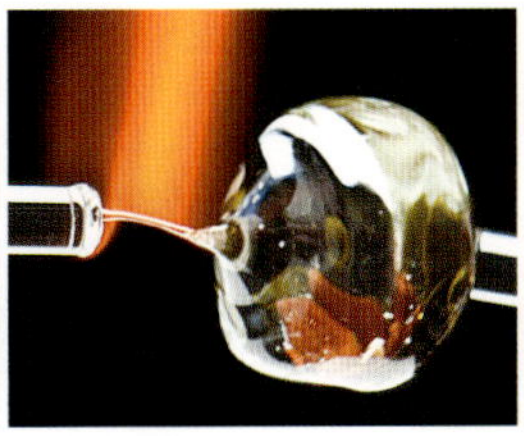

ポンテをつけかえる。新しいポンテは花の裏側につく。

前のポンテをはずし、形を整えながらあぶって余分なガラスをピンセットでとっていく。

本作業では、続いて直角にポンテにつけかえ、花の映り方を見ながら、花のまわりの透明ガラスの厚みなどを少しずつずらす作業を行う。但し、この前までの作業で思うような形ができていれば、ここの作業ははずしてもよい。

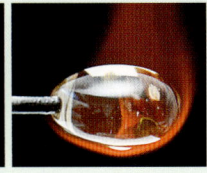

99

ポンテをつけかえて裏打ちする

形が整ったら、ポンテをつけかえる(このポンテは花の表側につく)。

この後で黒いガラスを塗る面(花の裏面)を丸みを帯びた形に整える。

黒いガラスを中央にのせ(裏打ち)、コテでおさえる。

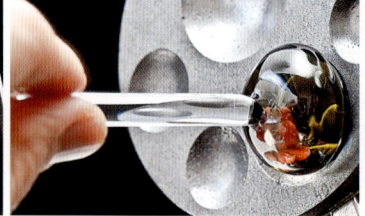

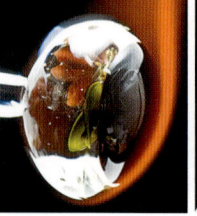

黒の裏打ち後、さらにマーブルモールドで花の裏面を丸みのある形に整える。

ポンテを直角につけかえ、花の根元側半分の形を作る

直角にポンテをつけかえる。

あぶって何度かガラスをつけて引っぱり、尖らせる。

ポンテをつけかえ、最後の形を整える

花の根元の形ができたら、ポンテをつけかえる。

先端をあたため、バランスを見ながら、何回かに分けて先端のガラスをとっていく。

マーブルモールドで曲線を整える。

さらにコテで先端に向けてガラスを動かし、全体のバランスを見ながらガラスをとって形を整えていく。

ループをつける前の形完成。

ループを作る──ループ用のガラスを足さず、本体の先端を引っぱってループを作る

先端をあぶりガラス棒をつけて引っぱる。まず真っすぐに引っぱり、次に曲げて焼き切る。

この後ピンセットでガラスをはさんで引っぱるのではなく、あぶって軽くおさえながら少しずつ曲げていく。

ループの穴も整える。

ポンテをはずし、還元炎であぶって完成。

430度の電気炉に1時間置き、OFFにして自然徐冷。

取りはずし可能なワイヤー飾りを作る

編んだ革ひものシンプルなアクセサリーに飾って楽しめる、取りはずし可能なワイヤー飾りをご紹介します。

【制作：アクセサリー作家・芝 裕子氏】

用意するもの
- アーティスティックワイヤー #20（20cm×2本）
- ①革ひも（編み加工）
- ②カニカン　③丸カン2個
- ④カシメ2個　⑤アジャスター

使用工具
- 目打ち　・ニッパー　・丸ヤットコ

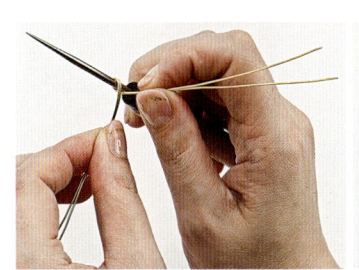

2本のワイヤーをまとめて、ワイヤーの中央を目打ちに巻きつける。

さらに重ならないようにもう1周巻き、できた輪の根元に少し余裕をもたせて1周巻きつける。

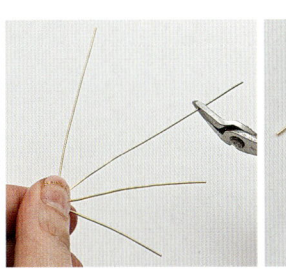

完成した輪（革ひもを通す輪になる）を持って、4本のワイヤーが順に長くなるようにニッパーでカットする。

短いワイヤーから順にうず巻き模様にしていく

ワイヤーを指でしならせる。

丸ペンチで短いワイヤーから巻いていく。

輪に目打ちを通し、うず巻きの位置を調整する。

3本めのワイヤーをうず巻き状に巻いて位置を整えた状態（右が横から見た状態）。

4本めの長いワイヤーを巻いて完成。

革ひもにワイヤー飾りを通した状態。

革ひもの端の処理

カシメで革ひもの端をとめる。この後、丸カンを使って、両端に留め金具をつける。

基礎技法で作る
花模様玉と小物たち

使用ガラス
① 透明青(Cガラス)
② 白(Cガラス〈C-2〉)・細引き
③ 透明ガラス(Cガラス〈C-1〉)
④ 透明紫(Cガラス)・細引き
※全て kinari ガラス。

使用工具
- ピンセット
- 左官ゴテ
- タングステンピック
- 芯棒(2mm)

Ⓐストラップ
Ⓑブレスレット
Ⓒバッグチャーム

基本の花模様玉のストラップ(Ⓐ)、ブレスレット(Ⓑ)、バックチャーム(Ⓒ)の材料

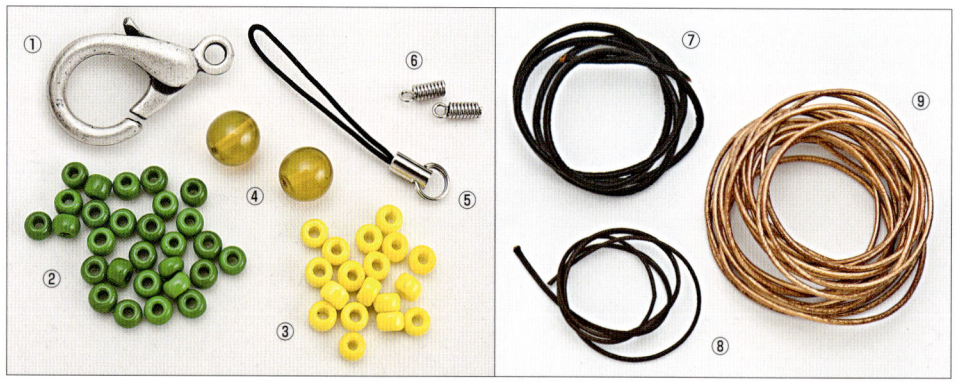

用意するもの
Ⓐストラップ
　②③ビーズ　⑤ストラップパーツ
　⑥エンドパーツ　⑧革ひも(径1mm)
Ⓑブレスレット
　②ビーズ　④ガラスビーズ
　⑨革ひも(径1.5mm)
Ⓒバッグチャーム
　①大形カニカン　⑦革ひも(径2.0mm)

基礎技法の"点打ち"で二重の花模様玉を作る

> **ポイント**
> - 花びら中央の穴は透明ガラスで埋めず凹みのままでスキがけし、花の中央に泡を残してアクセントにする。*1
> - 下玉が透明系のガラスなので、最後にかける透明ガラスは厳密に全体にかかっていなくても目立たない。*2

点打ちの際の姿勢
芯棒を持つ側の手の指で、点打ちする側の手首を固定して作業する。

透明青のガラスを巻きとる。

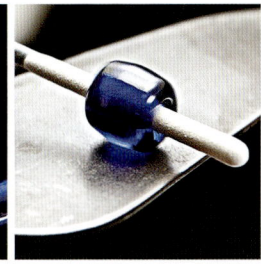

コテで円筒形にしてから両端を少しすぼめて下玉を作る。

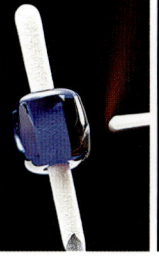

白の細引きで4カ所に各5つの点を打つ。

点打ちが終わったら各点をあぶり、炎の外でコテでつぶす。

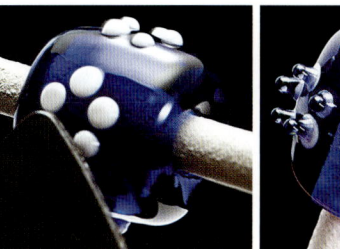

つぶした白点の上に紫色の細引きで点打ちする。

点をあぶって炎の外でコテでつぶす。

炎で完全になじませる。これで外側の花びら完成。

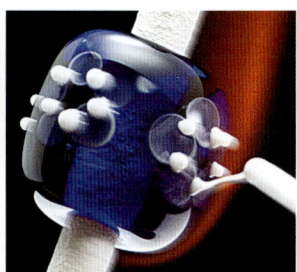

外側の花びら同士が接する個所に白の細引きで点を打つ。

あぶって白点をコテでつぶす。

つぶした白点の上にさらに紫色の細引きで点を打つ。

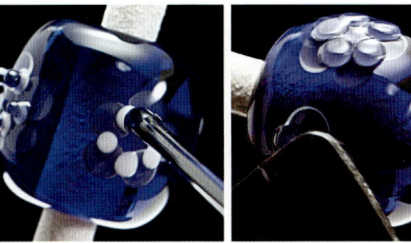

あぶってコテでつぶす。この後、完全になじませる。

なじませた点の中心をタングステンピックで押し込む。

点の中心を押し込んだ状態。このままでスキがけする。*1

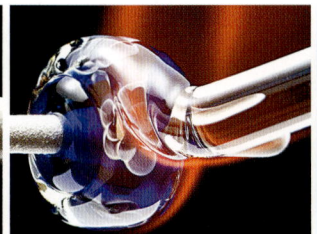

透明ガラスをたっぷり熔かし、一気に中央に巻く。

透明ガラスを左右の口側までコテでのばしていく。*2

全体を還元炎であぶって完成。

結び技法・平結びでビーズを編み込む

芯は先端を輪にした2本どりにします。わかりやすいように色ちがいの太いひもとビーズを使ってご紹介しました。

1 編み用のひもの上に、先端を輪にした芯のひもを置き、まず普通の結び方で結ぶ。

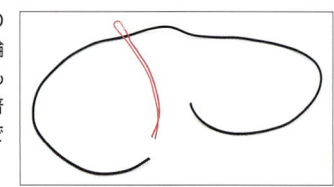

2 左右のひもを、それぞれ芯の下と上をくぐらせて、写真のように結ぶ。

3 2番めも同様の手順で結ぶ。さらに、同様にして必要な長さまで結んでいく。

4 平結びでビーズを編み込む
①芯のひも2本に、ビーズを通す。
②②'ビーズを上側に上げてから左右のひもを平結びし、ビーズを留める。
③③'さらにもう1回平結びする。
④④'④"続けてビーズを入れる時は、次のビーズを芯のひもに通して同様に結ぶ。

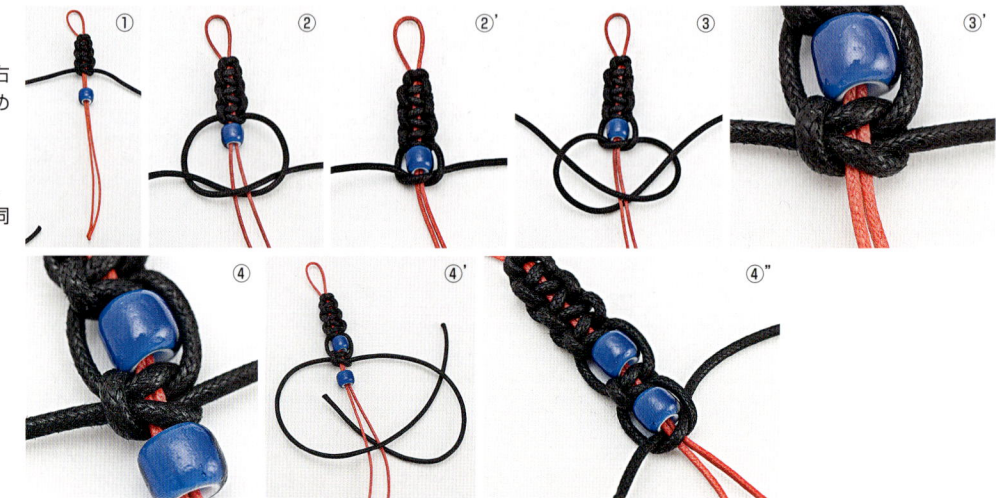

5 編み用のひもの端の処理
必要な長さまで編み終えたら、ひっくり返してひもを接着剤で固めてから余分なひもをはさみで切る。
①結び完了。
②両側のひもをひっぱってしっかり引きしめる。
③③'ひもを内側に動かし、あきに接着剤を入れる。
④外側にひもを動かして固まるのを待つ。
⑤接着剤が固まったら、余分なひもをはさみでギリギリのところで切る。
⑥もう片方も同様にする。

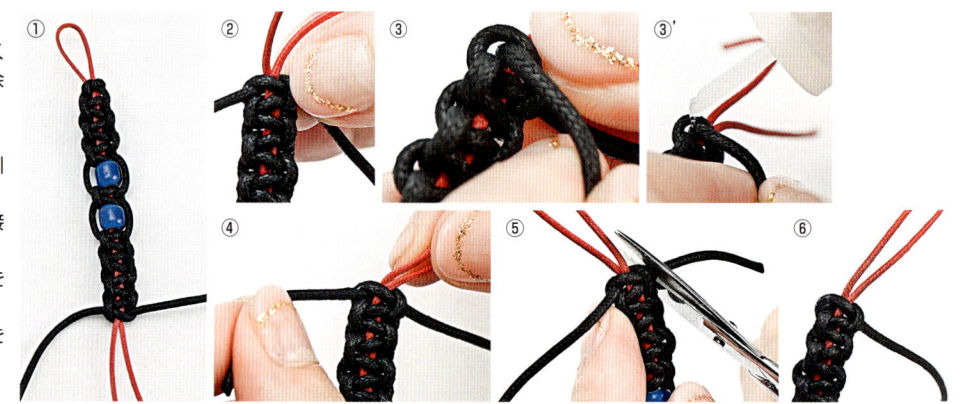

平結びで仕立てる ストラップ、ブレスレット、バッグチャーム

編み技法の平結びで、基本の花模様玉やビーズを革ひもで編んで作ります。

【制作：アクセサリー作家・芝 裕子氏】

■ ブレスレット

編み始めの芯の先端を輪にし、芯は2本となる。編み用の革ひもは別に用意して編んでいく。

編み始めに芯の革ひもで作った輪（留め具となる）。

残った芯用の革ひも2本の先に、それぞれ黄ビーズ1個（中）と緑ビーズ3個（小）を通し、どちらも反対側の芯の革ひもの輪に通して留め具とする。

ⓐ 編み終わりは編みひもの端の処理をしてから、緑ビーズ2個に芯の革ひも2本を通してとめる（緑ビーズは革ひも2本にピッタリなサイズ）。

ⓑⓑ' 黄ビーズは芯の革ひも1本を横に出して通す。

ⓒ 玉の中は芯の革ひも2本と編み用の革ひも2本、計4本の革ひもが通っている。

■ ストラップ

芯の革ひもを1本にし、別に用意した編み用の革ひもで編んでいく。編んだ後は、芯の両端をエンドパーツで処理する。

ストラップ用パーツ

芯の革ひもの端は、エンドパーツに入れ、エンドパーツの端をヤットコでおさえてとめる。

ビーズ（黄色2個、緑1個）を編み込む。

ビーズ（黄色1個、緑2個）を編み込む。

玉の中は芯の革ひも1本と編み用の革ひも2本、計3本の革ひもが通っている。

■ バックチャーム

カニカンを通した芯の革ひもの先を玉に通して折り返し、そのまま編み用のひもとして編んでいく（1本の革ひもで作ることになる）。

こちらで編み終わりとなる。

玉の中は革ひも2本が通っている。

① カニカン（大）は、芯の革ひもを輪にするときに先に通しておく。

③ 玉の際からカニカンに向けて、折り返した革ひもを使って編んでいく。

② 先端にカニカンを通した革ひもを、玉に通して反対側の穴から出し、玉の側面を通してもどす。

■ Step 3でのアクセサリー制作協力

芝 裕子 (SHIBA Yuko)
URL　http://www10.plala.or.jp/atelier_siva/

Atelise Siva主催。
緻密で完成度の高い作品にこだわり作成している。
横浜・東京を中心にビーズショップやカルチャーセンターにてビーズ教室を行う。

2004年	青山スパイラルガーデン スワロフスキー「brilliant ball」出展
2005年	銀座三越 ヴェネチアンビーズ展［クリスマスファンタジー］出展
2006、2007年	ビーズグランプリ 2006 スワロフスキーブース　出展
2006年	スワロフスキー プレス向けエキシビジョンに参考作品展示
2006年	ラフォーレ原宿「CREATE kimono STYLE」with Swarovski 出展、講習会の実施

〈コンテスト〉
　　ビーズグランプリ 2005　佳作入選
　　ビーズグランプリ 2006　佳作入選
　　ビーズグランプリ 2007　スワロフスキー部門大賞
　　アメリカ Bead Dreams 2008 Objects or Accessories THRD
　　アメリカ Bead Dreams 2009 FINALIST
　　アメリカ Bead Dreams 2010 FINALIST

〈書　籍〉　家庭ガラス工房シリーズ　トンボ玉2
〈掲載誌〉　ビーズ・ビー
　　　　　　マイ・ビーズ・スタイル
　　　　　　ビーズbook
　　　　　　幸せを呼ぶパワーストーンアクセサリー

【連絡先】　Atelise Siva
　　　　　　E-mail：si-_-va@vmail.plala.or.jp

私は各種ビーズ、スパンコール、金属パーツなどのアクセサリー材料を
主に下記の材料店にて購入しています。
● 貴和製作所　　● パーツクラブ　　● BEADS FACTORY

付録

ガラス工芸材料・機材販売店他

アクセサリー材料販売店

著者プロフィール

■ ガラス工芸材料・機材販売店他　(順不同)

佐竹ガラス 株式会社　SATAKE GLASS MFG CO., LTD.
URL　http://www.satake-glass.com/
E-mail：office@satake-glass.com
〒594-0005　大阪府和泉市幸2-11-30
☎0725-41-0146　FAX 0725-45-7321
ガラス棒、バーナーワーク用品一式、ガラス細工、人造真珠、ビーズの製造・販売。個人向けインターネット販売あり。トンボ玉教室あり。オリジナルアクセサリーパーツ製造・卸もうけたまわっております。
直営店　・グラスランド 東京店
　　　　　〒279-8529　千葉県浦安市舞浜1-4　イクスピアリ235
　　　　　☎FAX 047-305-5840
　　　　　E-mail：g-land-t@agate.plala.or.jp
　　　　・グラスランド 福岡店
　　　　　〒810-8662　福岡市中央区地行浜2-2-1
　　　　　ホークスタウンモール2F
　　　　　☎FAX 092-844-7930
　　　　　E-mail：glassland-fukuoka@siren.ocn.ne.jp
販売店　・Beads Shop J4
　　　　　〒111-0053　東京都台東区浅草橋1-26-5
　　　　　（アーデン浅草橋1F)
　　　　　☎03-5821-7553　FAX 03-5821-7554

・米国――カリフォルニアの販売拠点
　　SATAKE GLASS CO. dba TRADING EAGLE COMPANY
http://www.satakeglassusa.com/　(English Home Page)
E-mail：info@satakeglassusa.com
583-A Monterey Pass Road Monterey Park, CA 91754, USA.
☎+1 626-458-9773　FAX +1 626-289-1050

(株)十條　JUJO Co., INC.
URL　http://www.jujo.net　E-mail：info@jujo.net
〒463-0012　名古屋市守山区茶臼前13-15
☎052-795-0033　FAX 052-794-3862
ステンドグラス、フュージング、キルンワーク、バーナーワーク用工具、材料 卸販売。社内デモ機でいろいろな体験ができます。

A3 International (事務所)
URL　http://www.jplampwork.com
E-mail：order@jplampwork.com
〒573-0115　大阪府枚方市氷室台1-10-24
☎FAX 072-859-7295
バーナー、工具、材料の販売はもちろんのこと、教室、ワークショップなども運営するバーナーワーク専門店。佐竹ガラスほぼ全色在庫あり。酸素発生器（海外製・国内製）の取り扱いもしています。
・バキューム機材紹介ページ
　URL　http://www.jplampwork.com/paperweight.html
　世界有数のバキューム機材販売。
　サイズは25mm、31mm、38mmの小さなサイズから、プロ用の50mm、60mm、70mmまで網羅。
　膨張率104のガラス棒、板の種類も豊富で、インケース用クリアゴブ、極太ロッドなども在庫あり。

Glass Studio Ark
URL　http://www.jplampwork.com/ark.htm
〒617-0002　京都府向日市寺戸町八反田7-32
☎FAX 075-921-7912
A3取扱い商品がすべて手にとって見られる小売店&工房。電気炉やバーナーをお持ちでない方に、貸し工房も行います。隔週で土、日、木曜日に、エアーバーナーや酸素バーナーを使った教室/体験など行っております。

ロペックスインターナショナル株式会社　Ropex International Co., Ltd
URL　http://www.ropex.com　E-mail：contact@ropex.com
〒530-0011　大阪市北区大深町2-C棟
☎06-6375-2562　FAX 06-6373-3016
バーナー、工具、材料一式の卸販売。各種オリジナル道具、機械の企画開発。モレッティ、クグラー、メッシーなどのソフトガラスも幅広く取扱っています。
・九州営業所　〒816-0092　福岡市博多区東那珂3-5-15
　　　　　　グレイスコーポ東那珂707　☎092-411-9577
　　　　　　E-mail：kyushu_support@ropex.com

(有)STATION 99　STATION99 Corp.
URL　http://www.station99.jp　E-mail：info@station99.jp
〒530-0011　大阪市北区大深町2番C棟
☎06-6375-2046　FAX 06-6373-3016
ガラス工芸全般に関わる材料、道具、機械、設備の一般向け販売及びオンラインショップの運営（ロペックスの個人向け小売り部門）。

(有)喜南鈴硝子　KINARI GLASS CO., Ltd
URL　http://www.tonbodama.com　E-mail：kinari@tonbodama.com
本社　〒669-2411　兵庫県篠山市辻924
☎079-556-3350　FAX 079-506-2236
ガラスロット、用品、パーツ類の製造及び、教室・工房への卸販売、個人向けインターネット販売もあり。
kinariガラス：Aガラス（鉛ガラス）、Bガラス（ソーダガラス）、Cガラス（アルカリシリケートガラス；ソーダ系ガラス）。各種ガラス材料、エアーバーナー、酸素バーナー、酸素発生器（レガリア）、電気炉（パラゴン社）、バーナーワーク用品（自社オリジナル、ARROW SPRINGS社等海外メーカー品あり）、とんぼ玉専用パーツ、アクセサリーパーツ、各種紐類。
当社取扱製品を全てご覧いただける直営店のご案内。エアーバーナー各種体験・教室あり（浅草橋店のみ酸素バーナー教室、体験あり）
・東京・浅草橋店　〒111-0052　東京都台東区柳橋2-14-3
　　　　　　　　☎03-5822-2518　FAX 03-5822-2528
・大阪・京橋店　〒534-0025　大阪市都島区片町2-2-36
　　　　　　　　☎06-6351-9250　FAX 06-6351-9360
・横浜・横浜店　〒231-0023　横浜市中区山下町166-6　横濱バザール3F
　　　　　　　　☎FAX 045-633-2821
・福岡・福岡店　〒814-0011　福岡市早良区高取2-17-50-2F
　　　　　　　　☎092-832-5512　FAX 092-832-5513

ジャパンランプワークソサエティ　The Japan Lampwork Society
URL　http://www.lampwork-glass.com
E-mail：info@lampwork-glass.com
〒650-0034　神戸市中央区京町79　日本ビルヂング2F
KOBEとんぼ玉ミュージアム内
☎078-393-8500　FAX 078-954-9000
ソサエティ発行の季刊ランプワークガラス情報マガジン「LAMMAGA」をはじめ、ランプワーク関連書籍DVD・バーナー・工具・めがね・消耗品などを販売。エアバーナーは国内主要商品が全て揃います。アクセサリーに仕立てるためのSoftFlexワイヤー・シルバーパーツなどの副資材も充実。

KOBEとんぼ玉ミュージアム　Kobe lampwork glass museum
URL　http://www.lampwork-museum.com
E-mail：info@lampwork-museum.com
ソフトガラスおよびボロシリケートガラスによるとんぼ玉や立体作品など、ランプワーク技法によるガラス工芸作品など多数展示。古代ガラスの羽原コレクション・震災後のKOBEへメッセージとともに寄贈された作品・国内外の代表作家作品などが並ぶ。ミュージアムショップ・ライブラリーや、体験のできる工房も併設。「観る」・「学ぶ」・「創る」・「買う」の楽しさを味わえるミュージアム。

がらすらんど 株式会社　　GARASU LAND Corp.
URL　http://www.garasu-land.com/
- 東京本社
　〒162-0832　東京都新宿区岩戸町18　赤玉ビル2F
　☎03-3235-1671　📠03-3235-1691
- 大阪支店
　〒538-0044　大阪府大阪市鶴見区放出東1-5-23
　　　　　　　ザ・ゴールデンパレス大阪1F
　☎06-6963-7351　📠06-6963-7361

バーナーワーク用色ガラス材料。
モレッティ・ミルフィオリ（イタリア製）、佐竹ガラス（日本製）のバーナー用各種色ガラス棒から、酸素バーナー機器、バーナー用工具類などの輸入卸販売。その他、用途に合わせたさまざまな電気炉などガラス工芸全般の素材、資材工具等多数取扱いあり。※卸専門

東京グラスワークサービス株式会社
Tokyo Glasswork Services, Inc.
URL　http://www.glasstrek.com
〒114-0013　東京都北区東田端1-2-8-102　早川マンション
☎03-3894-1955　📠03-3894-1905
併設の小売店「グラストレック」では、材料工具を店頭在庫販売。教室、個人向けカタログ販売とインターネット販売もあり。ボロシリケートガラスの取扱いあり。
がらすらんど（株）、A3インターナショナル代理店。

アートグラス マーケット　　ART GLASS MARKET
URL　http://www.artglassmarket.info/
E-mail：artglassmarket@gmail.com
〒488-0004　愛知県尾張旭市大久手町一の曽32番地
☎📠050-3311-5027（直通）　☎080-5104-7645［本多］
楽しく創るを応援します！お見積もりからお気軽に。
ガラス工芸　材料道具類・作品販売。
佐竹ガラス、kinariガラス、小型酸素バーナー、ジェネレーターほか、ボロシリケートガラス関連材料各種お問い合わせください。カセットバーナーも販売。

(株)スタジオ サカミ　　STUDIO SAKAMI
URL　http://www.s-sakami.com/
E-mail：office@s-sakami.com
〒110-0015　東京都台東区東上野1-23-4　原田ビル2F
〈2011年秋移転先〉
〒110-0016　東京都台東区台東3丁目16-9　シルバービル2F
☎03-3837-3721　📠03-6908-1251
モレッティの棒ガラス・ミルフィオリ、kinariガラスの棒ガラスの販売など、ガラス工芸・七宝の材料・用具・工具の小売り販売。ガラス工芸教室あり。アクセサリーパーツ・工具などの販売コーナーも併設。

蜻蛉玉ばぶるす　　TOMBODAMA BUBBLES
URL　http://www.ranman.net/　E-mail：info@ranman.net
〒166-0003　東京都杉並区高円寺南2-22-6　竹田ビル1F
☎📠03-3313-0277
常時300作品を超える選び抜かれた現代とんぼ玉作家の作品を展示販売（アンティーク作品も展示）。バーナーやエアポンプなどの販売はもちろん、ガラスロッドなど消耗品の販売、工具の販売など制作全般に関わる商品のお取り扱いをしています。時間貸しのできる「ばぶるす工房」も併設（要予約）。

株式会社　ホンダ産業
ネットショップ：Art&Craft Fan　　URL　http:www://ac-fan.com
店舗問い合わせにつきましては http:www://joyful-2.com のお問い合わせフォームにて承ります。バーナーワーク関連ガラス材料・工具・機材、およびステンドグラス関連ガラス材料・工具を取扱っております。また、★マークの店舗にてトンボ玉・バーナーワーク教室を開催。
- JOYFUL-2　荒川沖店 ★　〒300-0843　茨城県土浦市中村南3-4-9
　☎029-841-3511　📠029-841-3514
- JOYFUL-2　守谷店 ★　〒302-0127　茨城県守谷市松ヶ丘3-8
　☎029-748-8050　📠029-748-8053
- JOYFUL-2　ひたちなか店 ★
　〒312-0005　茨城県ひたちなか市新光町34-1
　☎029-264-2300　📠029-264-2400
- JOYFUL-2　富里店　〒286-0221
　千葉県富里市七栄字北新木戸525-24
　☎047-692-7721　📠047-692-7761
- JOYFUL-2　千葉ニュータウン店 ★
　〒270-1337　千葉県印西市草深1921
　☎047-640-7500　📠047-640-7888
- JOYFUL-2　新田店 ★　〒370-0314
　群馬県太田市新田市野井町592-13
　☎027-630-9166　📠027-630-9167
- JOYFUL-2　千代田店 ★　〒370-0722
　群馬県邑楽郡千代田町萱野813-1
　☎027-680-5050　📠027-680-5057
- JOYFUL-2　宇都宮店 ★　〒329-0606
　栃木県河内郡上三川町磯岡字中原421-1
　☎028-555-2272　📠028-555-2257
- JOYFUL-2　瑞穂店 ★　〒190-1212
　東京都西多摩郡瑞穂町殿ヶ谷442
　☎042-568-2031　📠042-568-2033
- JOYFUL-2　幸手店 ★　〒340-0155　埼玉県幸手市上高野1258-1
　☎048-040-4161　📠048-040-4162

ユザワヤ商事　株式会社
URL　http://www.yuzawaya.co.jp/
バーナーワークおよびステンドグラス関連ガラス材料、工具・機材などを取り扱っております（なお、店舗により取扱商品が異なりますので、各店舗までお問い合わせください）。
- 蒲田店　〒144-8660　東京都大田区西蒲田8-4-12
　☎03-3734-4141　📠03-3730-8686
- 吉祥寺店　〒180-0003　東京都武蔵野市吉祥寺南町1-7-1
　丸井吉祥寺店7階・8階
　☎0422-79-4141　📠0422-41-8686
- 大和店　〒242-0017　神奈川県大和市大和東1-2-1
　☎046-264-4141　📠046-261-8686
- 津田沼店　〒275-0026　千葉県習志野市谷津7-7-1
　☎047-474-4141　📠047-472-8686
- 神戸店　〒650-0021　兵庫県神戸市中央区三宮町1-3-26
　☎078-393-4141　📠078-321-5252

株式会社　ユニリビング
- ユニアート湘南平塚店
　バーナーワーク関連のガラス&機材および板ガラス材を800種類以上常時在庫しております。教室各種開催しておりますのでお問い合わせ下さい。
　URL　http://www.uniliv.co.jp/shop/uniart/hiratsuka/index.html
　〒254-0801　神奈川県平塚市久領堤1-2
　☎0463-25-0784　📠0463-25-0927

■ アクセサリー材料販売店 (順不同)

※各アクセサリー材料販売店では、同じ会社でも店舗により取扱商品が異なりますので、ご了承ください。

■ 株式会社　貴和製作所 ■
URL　http://www.kiwaseisakujo.jp/
アクセサリーパーツ全般を販売しております。別館ではスワロフスキー・エレメントをメインに販売。業者の方から一般の方まで幅広く対応。初心者の方でも展示しているアクセサリーサンプルにはレシピ販売もしており、クオリティーの高いアクセサリー作りの手本となるサンプルが豊富に揃っています。

- 浅草橋支店
  〒111-0053
  東京都台東区浅草橋1-9-13　大手町建物浅草橋駅前ビル
  ☎03-3865-8521
  ［営業時間］平日・土曜 10:00～20:00
  　　　　　　日曜・祭日 10:00～18:30（無休）
- 浅草橋支店別館
  〒111-0053　東京都台東区浅草橋1-9-12　秀山ビル
  ☎03-3865-5621
  ［営業時間］平日・土曜 10:00～20:00
  　　　　　　日曜・祭日 10:00～18:30（無休）
- ネットショップあり。

■ パーツクラブ ■
URL　http://www.partsclub.jp/
ビーズやチャームなどアクセサリー作りに欠かせない材料を豊富に取りそろえたビーズ&パーツショップ。

- お客様問い合わせ　☎0120-46-8290
  （月～金 9:30～17:00　※祝日除く）
- ネットショップあり。

【パーツクラブ】
- 浅草橋店
  〒111-0053
  東京都台東区浅草橋1-9-16
  ☎03-3851-4182
- 浅草橋　駅前店
  〒111-0053
  東京都台東区浅草橋1-9-12
  ☎03-3863-3482
- 仙台店
  〒980-0021
  宮城県仙台市青葉区中央2-4-3-2F
  ☎022-263-5082
- 天王寺店
  〒543-0055
  大阪府大阪市天王寺区悲田院町10-48
  ステーションプラザてんのうじ3F
  ☎06-6773-2082
- 横浜店
  〒220-0005
  神奈川県横浜市西区南幸1-3-1　横浜モアーズ4F
  ☎045-311-5182
- キャナルシティ博多店
  〒812-0018
  福岡県福岡市博多区住吉1-2-74
  キャナルシティ博多メガストアビル2F
  ☎092-273-1199
- 心斎橋店
  〒542-0081
  大阪府大阪市中央区南船場3-11-3
  ☎06-6244-8234
- 名古屋栄店
  〒460-0003
  愛知県名古屋市中区錦3-5-4
  セントラールパークアネックスB1F
  ☎052-961-6582
- JR博多シティ店
  〒812-0012
  福岡県福岡市博多区博多駅中央街1-1　JR博多シティ8F
  ☎092-409-6682
- コピス吉祥寺店
  〒180-0004
  東京都武蔵野市吉祥寺本町1-11-5
  コピス吉祥寺A館4F　☎0422-21-8290

ほかに、パーツクラブには以下の店舗がございます。詳しくはウェブサイトをご覧ください。

銀座店　浜松店　札幌店　茅ヶ崎店　大宮店　宇都宮店　熊本店　横須賀店　水戸店　広島店　桑名店　小倉店　津田沼店　岡山店　モレラ岐阜店　泉佐野店　京都寺町通店　三宮店　甲子園店　町田店　ららぽーと横浜店　前橋店　静岡店　高松店　川越店　立川店　ちはら台店　川口キャラ店　南砂町店　おのだサンパーク店　川崎店　守山店　菖蒲店　エアポートウォーク名古屋店　橿原アルル店　イーアスつくば店　大津店　北千住店　福山店　鹿児島店　新瑞橋店　盛岡店　溝口店

【グランプレール】
- 新宿店
  〒160-0023
  東京都新宿区西新宿1-1-3　新宿ミロードモール2F
  ☎03-3349-5782
- 越谷イオンレイクタウン店
  〒343-0826
  埼玉県越谷市東町4-21-1　イオンレイクタウンKAZE 1F
  ☎048-934-3146
- 八重洲店
  〒104-0028
  東京都中央区八重洲2-1　八重洲地下街中1号
  ☎03-3241-1482
- 池袋店
  〒171-0022
  東京都豊島区南池袋1-28-2　池袋パルコ本館5F
  ☎03-3980-0382

■ 株式会社　MIYUKI ■
URL　www.miyuki-beads.co.jp
MIYUKIビーズをはじめ、世界各地のビーズやパーツ、オリジナルキット、オリジナルアクセサリーを約10,000種取り揃えています。
・BEADS　FACTORY　東京店
　〒111-0053　東京都台東区浅草橋4-10-8
　☎03-5833-5256　📠03-5833-5257
　［営業時間］　9:30～18:00
　　　　　　　（定休日：日・祝祭日、第2・第4土曜、
　　　　　　　　夏季・年末年始　※7～8月は土・日・祝祭日）
・BEADS　FACTORY　大阪店
　〒541-0059
　大阪府大阪市中央区労博町4-5-9　太平ビル1F
　☎06-6252-6973　📠06-6252-6972
　［営業時間］　10:00～19:00
　　　　　　　（定休日：日・祝祭日・夏季・年末年始）
・BEADS　FACTORY　福山店
　〒720-0063　広島県福山市元町15-13　アルファビル1F
　☎084-931-7272　📠084-931-7272
　［営業時間］　10:00～19:00
　　　　　　　（定休日：火曜・年末年始）
・ネットショップ
　BEADS　FACTORY
　URL　http://www.beadsfactory.co.jp/

■ ビーズショップ　j4 ■
URL　http://www.j4-parts.com/
ビーズアクセサリー・和雑貨の専門の商品販売会社。
・東京本店
　〒111-0053
　東京都台東区浅草橋1-26-5　アーデン浅草橋
　☎03-5821-7553　📠03-5821-7554
　E-mail：tokyo@j4-parts.com
　［営業時間］　平日 10:00～18:00、土曜 13:00～18:00
　　　　　　　（定休日：日曜・祝日）
・京都店
　〒604-8062
　京都市中京区蛸薬師通り御幸町西入る蛸屋町157
　☎075-231-6025　📠075-231-6026
　E-mail：kyoto@j4-parts.com
　［営業時間］　11:00～19:00
　　　　　　　（定休日：水曜。但し、祝日の場合は営業）
・福岡店
　〒830-0037　福岡県久留米市諏訪野町2309
　☎0942-48-0943　📠0942-48-0944
　E-mail：fukuoka@j4-parts.com
　［営業時間］　10:00～18:00
　　　　　　　（定休日：日曜・祝日）
・ネットショップ
　BEADS SHOP J4
　URL　http://store.shopping.yahoo.co.jp/beadsshopj4/

■ メルヘンアート株式会社 ■
URL　http://www.marchen-art.co.jp/
E-mail：mail@marchen-art.co.jp
アジアンコード、ヘンプトゥワイン等のヒモ類を始め、ヒモが通るビーズや、結びに使用する道具を取り扱っています。
・メルヘンアートストア
　〒130-0015　東京都墨田区横網2-10-9
　☎03-3621-4401　📠03-3621-4403
　［営業時間］　平日 10:00～17:00
　　　　　　　第1、4、5土曜 10:00～15:00
　　　　　　　（定休日：第2、3土曜、日曜・祝日）
・ネットショップ　URL　http://www.macrame.jp/

■ (株)ヒマラヤ ■
URL　http://www.himalayagems.com/
世界各地の天然石、淡水パール、副資材、アーティスティックワイヤー、ブレスレット、ペンダントヘッドなど、たくさんの商品を取りそろえております。価格も100円以下の商品から多数取り扱っております。
・ヒマラヤ
　〒110-0005　東京都台東区上野5-22-10
　☎03-5816-4851　📠03-5816-4852
　［営業時間］　平日 10:00～18:30、土曜 11:00～18:00
　　　　　　　祝日 11:00～18:00
　　　　　　　（日曜定休）
・ビーズバザール
　〒541-0057　大阪市中央区北久宝寺町3-5-3
　☎06-6251-8015　📠06-6251-8016
　［営業時間］　平日・土曜 10:00～19:00
　　　　　　　日曜・祝日 10:00～18:30
　　　　　　　（年中無休）
・イービーズバザール
　〒111-0053
　東京都台東区浅草橋1-11-5　鈴武浅草橋駅前ビル1階
　☎03-5835-3553
　［営業時間］　平日 10:00～19:00、土曜 11:00～19:00
　　　　　　　日曜・祝日 11:00～18:30
　　　　　　　（年中無休）

■著者プロフィール (掲載順)

■駒野 幸子 (KOMANO Sachiko)　[Step 1、Step 2]

1998年	ヒコ・みづのジュエリーカレッジ 卒業
	森谷 糸氏にガラス工芸、とんぼ玉を習う
2000年	ギャラリー一閑にて三人展
2001年	ギャラリーバルト(富山)、ゆう画廊(銀座)にてグループ展
2002年	ギャラリーバルト(富山)、ミハラヤ(銀座)、川村記念美術館付属ギャラリー(佐倉)にてグループ展
2003年	ゆう画廊(銀座)にてグループ展
2004年	ぎゃらりぃbe(茅ヶ崎)、ゆう画廊にてグループ展
2005年	ゆう画廊(銀座)にてグループ展
2006年	ゆう画廊(銀座)にてグループ展
2007年	月光荘画室(銀座)、ぎゃらりぃbe(茅ヶ崎)、川村記念美術館付属ギャラリー(佐倉)にてグループ展
2008年	ギャラリーいさら(恵比寿)、ぎゃらりー花(名古屋)、月光荘画室(銀座)にてグループ展
2009年	創作市場『とんぼ玉に遊ぶ2』に作品&関連記事掲載
	川村記念美術館付属ギャラリー(佐倉)、銀座の杜(銀座)にてグループ展
2010年	プランタン銀座「硝子の涼品展」、銀座の杜(銀座)にてグループ展、ギャラリー間(成田)にて二人展
2011年	千葉県伝統的工芸品に指定

■磯谷 桂 (ISOYA Kei)　[Step 3]

URL　http://www.studio-mugen.com

東京造形大学でデザインを学ぶ
東京国際ガラス学院でバーナーワークを学ぶ

2001年	Glass Studio MUGEN 設立
2002年〜	東京国際ガラス学院をはじめ各地のカルチャースクールにてトンボ玉講座講師
2009年〜	彩グラススタジオ トンボ玉講座講師
2003年	コンテンポラリーアート NIKI(銀座)「現代トンボ玉作家展」出展
2006年	PIGA画廊(青山)にてグループ展
2007年	ペーパーウェイトの制作を始める
	PIGA画廊(青山)にてグループ展、ギャラリー坂(神楽坂)にて二人展
2009年	赤坂乾ギャラリーにて三人展
	多治見市文化工房ギャラリーヴォイス「ガラスの変貌」出展
2010年	Gallery LE DECO(渋谷)にてグループ展、STAGE銀座にてグループ展
	KOBEトンボ玉ミュージアム企画展ART MARBLE & PAPERWEIGHT 2010出展
	ギャラリー田中(銀座)にてグループ展
2011年	ギャラリー田中(銀座)にてグループ展、Glass Gallery SUMITOにて三人展

著者(掲載順)

【ガラス作家】　駒野 幸子
　　　　　　　　KOMANO Sachiko

　　　　　　　　磯谷 桂
　　　　　　　　ISOYA Kei

アクセサリー制作協力

【アクセサリー作家】　芝 裕子
　　　　　　　　　　SHIBA Yuko

制作スタッフ

● アートディレクション　長峯 亜里
　Art Direction　　　　NAGAMINE Ari
　装丁、デザイン、レイアウト、フォトレタッチ
　Design, Layout and Photo-retouching

● 編集　　　　　　　　長峯 友紀
　Editor　　　　　　　 NAGAMINE Yuki

● 編集協力　　　　　　株式会社　弦
　Editorial Assistance　GEN Inc.

● 写真撮影　　　　　　宮下 信治
　Photography　　　　 MIYASHITA Nobuharu

家庭ガラス工房
トンボ玉のアクセサリー

2011年6月30日　第1刷

著　者　　駒野幸子　磯谷桂
発行者　　図師尚幸
発行所　　株式会社ほるぷ出版
　　　　　〒113-0033　東京都文京区本郷 3-40-11
　　　　　TEL 03-5684-8871
印　刷　　共同印刷株式会社
製　本　　株式会社ハッコー製本

©2011 KOMANO Sachiko, ISOYA Kei
Published by HOLP SHUPPAN, Publishers.
3-40-11 Hongo, Bunkyo-ku, Tokyo 113-0033, JAPAN
http://www.holp-pub.co.jp/
ISBN978-4-593-59515-0
NDC 751.5／216×262mm／112P　Printed in Japan.